JN410294

아무 일 없는 듯이

정연순 수필집

아무 일 없는 듯이

정연순 수필집

1판 1쇄 인쇄/ 2020년 7월 5일
1판 1쇄 발행/ 2020년 7월 10일

지은이 / 정 연 순
펴낸이 / 우 희 정
펴낸곳 / 도서출판 소소리

등록 / 제300-2007-21호
주소 / 03073 서울 종로구 성균관로 5길 39-16
전화 / 765-5663, 010-4265-5663
e-mail: sosori39@hanmail.net
www.sosori.net

값 12,000 원

ISBN 979-11-5891-146-1 03810

*이 책은 서울문화재단 '2020년 창작집 발간 지원사업'의 지원을 받아 발간되었습니다.

정연순 수필집

아무 일 없는 듯이

작가의 말

아무 일은
필연이고 불청객이며 일탈이기도 하다.
눈물이고 웃음이며 스토리가 된다.

사람들은
아무 일을 견뎌내며 긍정하고 다시 희망한다.

그리고
아무 일 없는 듯이 일상을 산다.
아무 일은 삶의 풍경이다.

그 원초적 반응이 사유에 닿아 꿈틀거린다.
이것과 저것이 합하고 발효되어 새로운 무엇이 된다.
신명이 나서 문장이 리듬을 타고 나아간다.

책을 낼 때마다 긴장한다.
공손함으로 다독이는 중이다.

2020년 격리된 봄날

저자

정연순

1. 사라지는 것들

2. 사막을 건너는 법

3. 그곳으로 가네

4. 7월이 오면

1.

사라지는 것들

도시락

여기 친구라 쓰고 나는 이름으로 읽는다. 우리는 소식을 모른 채 어느새 백발이고 그 일은 여태 비밀이다. 물론 죽음까지 품고 갈 것이다.

중학교 2학년 9월이었다. 연일 공납금 독촉이 이어졌다. 선생님은 미납자들을 수업 중에 집으로 보내셨다. 마지못해 교실을 나서는 단발머리들 등짝으로 눈물이 흐르는 것 같았다. 누가 미납자인지 알게 되었다. 마지못한 듯 친구가 일어서는 것이었다. 뜻밖이었다. 깔끔하고 공부 잘 하는 모범생이다. 돌무더기를 짊어진 것 같은 뒷모습이 영 마음에 걸렸다.

하교시간이 되자 아이들의 떠드는 소리가 멀어지고 학교가 텅 비었지만 가방을 두고 간 친구를 기다리며 혼자 교실에 있었다. 깜박 졸았는지 가방을 가지고 나가는 친구를 설핏 보았다. 아무 말도 못하고 멀거니 있었다. 다음날 한 아이가 공납금이 없어졌다며 울고불고 난리를 쳤다. '우리 반은 모범반이다'로 시작하는 선생님의 훈육이 여느 때보다 길었다.

"모두 차렷하고 눈 감아. 열 셀 동안 가지고 간 사람은 조용히 눈을 뜬다. 하나. 둘. 셋."

자로 재듯이 여섯을 세던 선생님은 일곱부터는 천천히 여덟은 더, 아홉부터는 세는 것을 잊어버리신 듯하셨다.

"나만 알고 있을 거야. 옆 사람도 몰라. 눈만 뜨는데 어떻게 알겠어. 자아."

가슴이 콩닥콩닥 눈꺼풀이 파르르 지루하고 짜증스러웠다.

"열! 눈 떠. 가방 속에 꺼 책상 위에 다 내놔. 하나라도 숨기면 안 돼."

엄한 목소리였다. 그리고는 손목시계를 보시더니 직원회의 시간이 되었다며 나에게 검사 다 하고 하교시키라 이르고 나가셨다. 밤길에 손전등도 없이 심부름을 가라는 것 같았다. 어쩌냐. 마른 침을 삼키며 마음을 오지게 먹었다. 하나하나 필통도 다 열어보게 하였다. 없었다. 막막한데 머릿속에 백열등이 확 켜졌다. 그래 도시락! 도둑 잡는 것은 시간문제 같았다.

차례로 도시락을 열 때마다 반찬 냄새가 진저리를 치게 했다. 친구는 두 손을 도시락 위에 포개면서 아주 조금 열었다. 어? 아무 냄새도 안 나네. 빈 도시락이잖아?! 순간 손가락 사이로 보이는 것은 분명 지폐였다. 나도 모르게 튀어나간 손이 친구 손등을 덮어 도시락을 닫았다. 손이 마음보다, 빛보다 빨랐다. 분명코 하늘이 도왔다. 순간의 연속이었다. 미안해서, 너무 미안해서 친구를 볼 수가 없었다. 그리고 태연히, 딴에 아주 시침을 떼고 같은 속도로 끝까지 도시락을 들여다보았지만 머릿속은 뒤죽박죽 어떻게 해야 할지 그 생각뿐이었다.

선생님께서는 알았다고만 하셨다. 사흘 내리 친구가 결석을 했다. 선생님께서 주소를 주시며 찾아가보라고 하셨다. 생판 모르는 동네였다. 당연히 선생님이 직접 가셔야 할 일 아닌가. 뾰루퉁. 얼른 대답이 나오질 않았다. 그 일은 나만 아는 것으로 하라셨다. 그제야 선생님 속마음을 알아들었다. 선생님이 배우보다 멋져보였다.

영주동 산동네 주소는 숫자일 뿐 도움이 못되었다. 계단을 오르면 꺾어져 또 가풀막, 또 계단이었다. 수채 건너 또 수채, 개골창에서는 숨이 막혔다. 좁은 골목길에 집들이 줄다리기 하는 아이들처럼 총총 매달려 있었다. 벽은 남루하고 문은 허술해 보였다. 쌀가게, 연탄가게, ○○상회, 이발소 그리고 변소도 있었다. 쪽문에 붉은 페인트로 변소라고 쓴 글씨도 줄긋기를 처음 배운 아이의 그것처럼 어설퍼 보였다. 아이들은 아랑곳없이 골목을 들었다 놓았다 색동 같은 소리를 지르며 골목을 누볐다.

"○○여중 다니는 ○○라고 혹시 아십니꺼?"

묻는 족족 도리도리. 배도 고프고 어지간히 지쳤다. 선생님 눈빛과 친구 얼굴이 보이다 말다 했다. 저기까지만 가보자. 그때 수채에 물을 버리다 말고 우뚝 선 것은 헛것 아닌 기적이었다. 덥석 껴안고 엉엉 울었다. 친구가 내 가방을 방에 들여놓고 앞장서서 올라갔다.

영주동 떼떼 말레이, 아무리 소리쳐도 메아리조차 없을 것 같은 딴 세상이었다. 산을 덮고 있는 헐겁고 초라한 판자 지붕들 저 아래 까마득히 바다에 잇댄 부산항구며 영도다리, 거기가 보통 세상인 것 같았다.

"아무도 몰라. 학교에 꼭 와. 꼭이야. 낼 꼭 와야 된대이. 알았제."

비어있던 자리에 친구가 앉아 있다. 아무 일 없는 듯이. 가슴이 벅차올라 울 뻔했다. 선생님께 내 장학금을 친구에게 주고 싶다 했더니 생각해보자 하셨다. 나는 그대로이고 친구는 공납금이 면제 되었다. 우리는 나란히 졸업을 했다.

인생이 아름다운 것은 군데군데 보석이 박혀서일 것이다. 눈물겨운 시절을 기억하는 지금, 그리운 이름을 불러보는 지금 미소가 피어난다. 더 바랄 게 없다.

냄새의 기억

종점에 대기하고 있는 전철에 탔더니 걸레 쉰내가 난다. 승강장으로 나와 몇 칸 달아나다가 출입문 닫는다는 바람에 하는 수 없이 들어갔다. 수인선으로 환승을 했더니 이번에는 생선 비린내가 덮친다. 하차역 사무실에 가서 상황을 말했더니 당장 조치하겠다고 한다.

내 코는 '개코'에 버금하다. '개코'는 진화를 계속하는 모양이다. 냄새 물질이 비강으로 들어가 상피를 덮고 있는 점액 속으로 녹아들고, 점액에 젖어있는 후각 섬모들이 냄새 분자를 코의 천장으로 올라가게 한다. 신경세포들은 즉시 냄새를 신호로 바꾸어 뇌의 해마로 돌진하여 거의 빛의 속도로 인식하고 분별하는 것이다.

자원봉사를 할 때 17살 소년 행려환자를 돌보게 되었다. 악취로 더께가 진 8인용 병실 창가 침대가 그 아이 거주지였다. 대부분 동상환자들이라 다리나 손목, 발 등을 절단하고 붕대를 감고 있었다. 아이에게 다가가자 무언가 썩는 냄새가 송곳처럼 관자놀이를 찔렀다. 오물을 삼킨 듯 뱉어내고 싶었다. 구토가 나고 어지러웠다. 코를 틀어막고 싶었지만 아이에게 들킬까봐 다급하게 기도를 하면서 아이와 눈을 맞추었다. 아이는 야위고 창백했다. 왼쪽 무릎 아래를 잃고 천장만 응시하고 있었다. 나를 보고도 눈동자를 조금 움직였을 뿐 말이 없었다. 목에 때가 검은 실처럼 끼어 있었다.

저녁 식탁에서 수저를 드는데 그 냄새가 벌컥 했다. 화장실로 가서 변기에 대고 웩웩 눈물콧물을 쏟았다. 그리고 바닥에 퍼질러 앉아서 울었다. 냄새를 이겨낼 수 있게 해주시라고, 그래야 아이를 돌볼 수 있겠노라, 울었다. 사흘 후 다시 병실에 갈 때는 기도하고 심호흡하고 단단히 마음 준비를 했다. 아무렇지도 않았다. 악취를 참는 게 아니라 느낄 수조차 없었다. 다음에도 그랬다. 그럼에도 그 냄새는 지금도 기억한다.

어머니에게서는 여러 냄새가 났다. 비녀로 쪽진 머리에서는 동백기름내가, 얼굴에서는 연한 코티분내가, 저고리 섶에서는 젖내가 났다. 내가 막내라 젖은 벌써 말라버렸을 터인데도 단내가 났다. 치마에서는 쌀풀내가 풍겼다. 고소하고 신선한 바람이 느껴졌다. 안겨들고 싶기도 하고 군것질도 생각나고 아무튼 오묘하고 기분 좋은 냄새였다.

자주 두 분 베개 사이에서 잤다. 내 얼굴 위로 두 분의 속삭임이 오갔다. 알아듣지 못해도 흉인지 칭찬인지 눈치로 아는 척을 하면 들켰다는 듯 숨이 막히게 끌어안고 웃으셨다. 이불 속에는 두 분의 냄새가 적당한 온기에 섞여 있었다. 안온하고 평화로웠다.

아침마다 단정한 매무새의 어머니가 머리맡에 앉아서 쟁반을 받친 대접에 삼베포를 깔고 그 위에 강판을 놓고 사과를 갈았다. 강판을 들어내고 베수건을 돌려 힘껏 짰다. 노란 사과즙이 대접에 고였다. 거기다 계란 노른자와 들기름을 섞어서 아버지께 드렸다. 나는 사과와 계란과 들기름의 냄새만 마셨다. 아버지가 일어나시면 요 밑에 넣어둔 속옷을 꺼내드렸다. 내가 할 일이었다. 겨울에 요를 들치면 콩댐 온돌 냄새가 났다. 아침은 그렇게 냄새로 왔다.

아버지에게서는 담배 냄새가 났다. 진하지 않았지만 좋지도 않았다. 포마드 냄새도 별로였다. 약주를 드신 날은 술 냄새를 참으면서 안겨 드렸지만 고역이었다. 담배와 포마드 냄새가 치약이나 비누 그리고 신문잉크 냄새를 이기는 것 같았다. 초등학교 1학년 가을운동회, 아버지가 아이를 업고 달리는 경기였다. '떴다 떴다 비행기 날아라 날아라 하늘 높이 날아라.' 아버지는 비행기였다. 그때 와이셔츠에서 나던 아버지 냄새가 젤로 좋았다. 그리움이 동할 때 그 냄새가 먼저 온다.

아버지께서 딱 한 번 은행 금고에 데리고 들어가셨다. 검고 육중한 쇠문의 둥그런 금색 손잡이를 돌려서 열고 또 하나의 쇠문을 열자 퀴퀴한 냄새가 덮쳤다. 어둡고 무겁고 더럽게 느껴졌다. 돈 냄새였다. 돈에서 그토록 역한 냄새가 나다니! 그 기억 때문인지 가끔 가정용 돈 소독기를 궁리 한다.

봉준호 감독 영화 '기생충'에서 상류층 박사장 부부가 운전기사 기택을 두고 예사롭게 말한다.

"지하철 타는 사람들한테 나는 냄새 있잖아."

"지하철 안 탄 지 너무 오래 돼서 기억이 안 나."

지하철 단골인 나도 뜨끔했다. 기택은 사무치는 모멸감과 자괴감으로 흉기를 휘두르게 된다. 정체성의 내상이 몰고 온 참극이다.

사람이 냄새로부터 도망칠 수 있을까? 성별, 연령, 음식, 직업, 환경 등 냄새의 요인도 무한히 많다. 그런 것들은 대체로 몸의 냄새를 형성한다. 정신에서도 냄새가 난다. 성인은 그의 향기로 세상을 향상시키지만 그보다는 나쁜 짓, 나쁜 냄새 나는 사람이 훨씬 많으니 세상은 어제도 오늘도 불안과 겁에 떨며 아우성친다.

몸이든 정신이든 나에게서 나는 냄새가 타인에게 좋은 느낌이기를, 혐오감만은 주지 않기 위해 부단히 노력할 수밖에 없다.

그날, 드보르작 교향곡 7번

둘이서 연주회나 공연을 보러가는 것은 뿌듯한 즐거움이다. 자주 있는 일이 아니어서 티켓을 사고 나면 마음이 부풀기 마련이다. 이번에는 추석 연휴에 아들에게서 받은 선물이라 더 그랬다. 마에스트로 정명훈이 이끄는 아시아필하모닉 오케스트라 연주회다. 이런 호사를 누릴 수 있다면 명절 피로, 그게 뭐 대수랴.

한껏 모양을 내고 여유 있게 집을 나섰다. 예술의 전당 분수대 주변은 벌써 사람들로 가득하다. 음악분수 색색의 물보라가 우면산 솔바람에 휘날린다. 대성사 가는 길로 산책을 하는 동안 어둠이 내리고 가로등이 켜지면서 가을밤 정취가 무르익는다. 연주회든 공연이든 그 전에 여유를 갖고 마음을 가라앉히는 것은 정찬의 애피타이저 같다. 역시 일찍 나오기를 잘했다.

만석이다. 연주자들이 자리에 앉고 지휘자를 기다리는 시간, 호기심과 기대가 차오르는 그 느낌이 좋다. 먼저 베토벤의 바이올린과 첼로와 피아노를 위한 협주곡을 연주한다. 감동과 희열에 빠져든다. 악장마다 '안다 박수'가 희열을 깬다. 돌을 맞고 유리창이 깨지는 것 같지만 파열에 휩쓸리지 않고 고요를 유지하려고 한다. 직접 피아노 연주를 하면서 지휘를 하는 마에스트로의 모습은 그 자체로 매혹적인 음악이다.

연주가 끝나자 여운이 가시기도 전에 박수를 치며 브라보! 브라보! 내 마음 같아서는 적어도 지휘자가 돌아서서 인사를 할 때까지, 마지막 소리가 공기 속으로 사라지기까지 음악의 경이로움을 만끽하고 싶은데 오늘도 성급한 박수에 여운이 잘려 버렸다. 네 번의 커튼콜에 이어 휴식시간이다.

더욱 고조된 기대와 설렘이 객석을 메운다. 드보르작 교향곡 7번 연주를 위해 현과 플루트 그리고 피콜로 오보에 클라리넷 바순 호른, 트럼펫, 트롬본, 팀파니 연주자들이 자리를 잡는다. 악장의 바이올린에 맞춰 조율을 하고 지휘자를 기다린다. 알맞게 숨을 품은 풍선처럼 부드럽고 탱탱한 긴장이 흐르는 가운데 객석은 미동조차 없다. 조명이 꺼지자 관객들의 호흡이 바람 없는 안개처럼 느껴진다.

그가 무대에 오르자 관객들은 마법이 풀린 것처럼 박수로 맞이한다. 절제된 목례를 보내고 돌아서는 모습이 결연해 보인다.

그의 뒷모습에서 연주자들과의 눈맞춤이 느껴진다. 절대의 조화, 최상의 연주를 하리라는 교감일 것이다. 마침내 지휘봉이 움직이자 드보르작 교향곡 7번 1악장의 첫 소리를 낸다.

바로 그 때다. 머릿속이 뺑 하얘진다.

'아! 불 안 껐다!'

진공상태. 눈을 감는다. 아무것도 들리지 않는다. 주방 전기레인지 위의 찜통이 보인다. 우리 부부가 약수라고 부르는, 10여 가지 약초와 버섯을 넣고 끓이는 그것이다. 끓여 놓고 나왔다가 밤에 들어가면 알맞게 식어있으리라 했던 것이다.

외출 준비를 하는 과정을 떠올려 보아도 스위치를 끄는 동작은 보이지 않는다. 그 부분만 삭제될 리도 만무. 몇 번이나 되감기를 해보아도 마찬가지다. 소름이 돋고 솜털이 일어선다. 내가 돌이 된 것 같다. 들뜨기는 했지만 시간에 쫓기는 건 아니었는데 그걸 깜빡하다니.

무슨 수를 쓰든 최단시간에 집에 가야한다. 그런데 그는 고혈압이다. 충격은 금물이다. 불행은 불행을 업고 온다지 않는가. 엎친 데 덮치게 할 수는 없다. 그가 잘못되는 것보다 집이 타는 것이 낫다. 그렇긴 해도 그가 모르게 나갈 수 있는 묘안을 생각한다. 침착하려 애를 쓴다. 머리 한 쪽은 기도로 달아오른다. 연주 중에 어떻게 나갈 수 있단 말인가. 연기처럼 사라지는 상상도 하지만 엉덩이는 자석에 붙은 쇠붙이 같다.

생각을 바꾸어 본다. 집에서 나온 지 5시간이 넘었다. 사고가 났으면 벌써 누군가의 신고로 소방차가 오고 이웃에게서 연락이 왔을 것이다. 꺼놓은 전화기를 살짝 꺼내서 스카프로 덮고 다시 켜서 진동으로 해 놓는다. 집에 돌아가는데 아무리 빨라도 한 시간 반 이상 걸릴 터이니 사고를 방지할 단계는 이미 지났다. 택시가 비상등을 켜고 고속도로를 달리고 집 앞에 소방차가 웽웽, 사다리가 창문에 걸쳐있고 창문으로 연기가 나오는 영상이 꼬리를 물고 눈에 선하다.

지휘자가 허깨비 같다. 팀파니가 내 가슴을 친다. 바순이 지렛대처럼 날 허공으로 들어 올린다. 무중력 상태다. 번쩍 자동 전원차단 시스템이 떠오른다. 하지만 그것이 제대로 작동하는지 경험한 적이 없지 않은가. 타이머도 맞추지 않았으니 믿을 건 그것 하나뿐이다. 제발! 기도 회로에 손을 싹싹 비비는 내 모습이 보인다. 어쩌랴. 이미 끝난 일이다. 마음을 크게 먹고 심호흡을 한다. 슬쩍 그를 훔쳐본다. 완전 딴 세상에 있다. 다행이다. 음악이나 듣자 해도 진즉에 깨진 항아리다.

그날, 나는 드보르작의 교향곡 7번을 그렇게 태워먹었다. 전기레인지는 타이머가 작동하여 꺼져 있고 집은 멀쩡했다. 그 난리가 헛되지는 않았다. 잿더미 속에서 사리 1과를 찾아낸 것이다. 사리에 이렇게 쓰여 있다.

'무엇이 더 중요한가.'

국지성 호우

저녁 미사를 드리고 성당을 나섰다. 겨울철 이맘때만큼이나 어둡다. 비바람이 돌진해오는 낌새가 역력하다. 무겁고 습한 바람이 쇳소리를 지르며 가로수의 머리채를 잡고 냅다 휘둘러댄다. 큰 길에 나서자마자 비가 쏟아진다. 3단 우산이 휘익 뒤집힌다. 방향을 가늠해서 우산을 바로 하는 잠시 사이 흠뻑 젖고 말았다.

자전거포 처마 밑에 들어선다. 집까지는 15분 거리라 즐겨 걸어 다니지만 엄두가 안 난다. 마중을 부탁할 사람도 없다. 그는 지리산 둘레 길을 걷는 중이다. 콜택시를 부르려고 전화기를 켜자 배터리를 충전하라는 지시가 뜬다. 다행히 콜택시 회사가 응답한다. 문자를 보낼 테니 확인하란다. 네. 네.

거리에 인적이 끊어졌다. 비바람이 난타의 절정으로 치닫는다. '가까운 곳에 택시가 없습니다.' 문자를 확인하는 순간 화면이 꺼졌다. 고립감이 엄습한다. 섬에 표류하고 있는 나를 두고 집이 멀리 떠내려가는 것 같다. 방법이 없다. 걷자.

우산 목을 잡아 머리는 가렸지만 젖은 치마가 다리에 들러붙어 걸음을 뗄 수가 없다. 왼손에 우산과 미사가방을 쥐고 오른손으로 치맛자락을 들고 나아간다. 등을 떠밀던 바람이 휘익 돌아와 가슴을 퍽 친다. 휘청! 끄떡 없이 중심을 잡는, 제법 나가는 내 체중에게 슬쩍 웃어준다. 와중에 갈비씨 S가 날아가는 광경이 떠오른다. 싱겁기는!

오래된 공상과 우연히 마주친 것을 이제야 알아채다니! 와인한 모금을 넘겼을 때처럼 설렌다. 귀에 비가 들린다. 타악기와 목관악기가 어우러지면서 원시적인 힘이 넘친다. 무언가에 부딪쳐 소리로 거듭나는 장대비의 춤사위는 격렬하고 리드미컬하다. 조도가 낮아진 조명 아래 거리의 모든 것이 춤을 춘다. 마법에 걸린 것 같다.

어두워서 더 좋다. 혼자라서 더 옹골지다. 춥지도 않다. 집이 더 멀어도 좋겠다. 비를 두드려 맞는 이 통쾌함이 얼마만인가. 몸 어디쯤에 물길이 난 것 같다. 놀이는 점점 근사해지고 나는 영판 아이가 된다. 아무 거리낌 없이 당당하게, 조금도 이상하지 않게 장대비를 맞는 기회가 또 있을까. 마음의 대지가 넉넉히 젖고 저수지도 그득해진다.

자동차가 붉은 꼬리등을 흔들며 순식간에 저만치 간다. 네거리의 편의점이 환하다. 이런 날 알바생이 졸기로서니 누가 뭐랄까. 졸음을 참으며 시를 읽는 알바생은 또 얼마나 멋진가. 내 시집? 기적? 누구 시집인들 어떠랴. 인생을 씹으며 밤이 깊어도 좋으리. 글쎄 영화에서나 있을까. 내 상상에게 또 웃어준다.

담쟁이덩굴이 무성한 담장을 지나간다. 사철 좋아하는 구간이다. 담쟁이가 건강에 좋다는 소문이 없기를 바란다. 대번에 발가벗겨질 거니까. 탁 톡 타닥 각각의 소리를 내는 잎의 탄력이 여간 아니다. 온몸으로 세찬 빗물을 받아 흘려보내고 다시 제자리로 돌아오는, 같은 동작의 무한 반복이다. 탄력, 경직되지 않는 반응 그거다. 그래서 잎은 상처 나지 않는 것이다. 걸음을 멈추고 담쟁이를 본다. 한창 짙푸르다.

나에게 저런 탄력이 있는가. 턱없이 부족한 덕목이다. 부딪쳐서 상처주고 상처 받는 일을 피하고 싶지만 쉽지는 않다. 그러려니 지나가면 언젠가는 그랬구나, 그런 사정이 있었구나, 할 것을 때로는 사랑이라, 정의라, 사람 사는 도리라고 우기며 주장을 굽히지 않은 적도 있다. 탄력은 삶의 기술이며 지혜이고 또한 담쟁이가 담을 넘는 비결이기도 할 것이다.

기억들이 일어난다. 소풍 전날이면 '비 안 오게 해주세요.' 두 손을 모으기도 하고 소나기 맞는 재미에 신명이 나서 막춤을 추어대던 무지개 시절. 버버리 코트의 깃을 세우고 보슬비를 즐기던 초록 시절. 비에 젖은 덕수궁 돌담길, 그 금빛 가을의 멜랑꼴리를 철학하던 갈색 시절. 그리고 또 새롭게 붉고 싶은 주홍 시절에 서서 빛나는 은빛을 꿈꾸지 않는가. 우뚝한 것이든 잡동사니든 기억은 다 세월에 발효되는 것 같다. 하여 이성과 감성의 에너지가 되고 내 삶의 현재와 미래에 작용한다.

보행신호는 빨간 불이다. 차도 없고 행인도 없다. 그냥 건너도 되겠네. 모기소리만한 유혹을 뭉개고 파란 불에 느릿느릿 횡단보도를 건넌다. 저기 불 꺼진 창문이 무표정하다. 혼자가 되면 늘 그럴 것이다. 엘리베이터를 타자 딴 세상이다. 불빛이 천장에서 아주 노골적으로 내 젖은 관능을 훔쳐보고 있다. 순간 내가 옷을 입고 있다는 사실을 발견한다. 놀이는 끝났다.

샤워를 하고 자리옷을 입는다. 인조의 촉감이 가슬가슬하다. 삶의 리듬이 정겹고 편안하다. 소나기를 맞으며 껑충거리던 아이가 멀어져 간다. 다시는 못 올 날이 지나간다.

눈물을 선택하다

아들의 목소리가 꽉 잠겨있었다. 태중의 아기가 잘 못 돼서 소파수술을 해야 한다는 말을 겨우 알아들을 수 있었다. 두 번째 수태 소식에 기뻐하고 축하했던 것이 불과 몇 주 전이었다. 눈앞이 캄캄해지고 숨이 막혔다. 이틀 뒤에 수술이 예약되었다는데 할 말이 떠오르지 않았다. 아비어미가 젊고 건강한데 그럴 리가, 도리질을 쳤다.

다른 병원에 가서 고명한 의사에게 한 번 더 확인을 하기로 했다. 며느리 아네스가 말없이 베드에 누웠다. 진료실의 눈들이 일제히 초음파 모니터에 집중되었다. 이게 웬 일인가. 쿵당쿵당 심장이 뛴다. 저 생명의 소리! 아기집의 부드러운 움직임 속에 작은 점 하나. 그것이 숨을 쉬는 것이다. 세상의 어떤 소리가 그보다 거룩할까. 장하다! 고맙다! 온 가족이 가슴을 쓸어내렸다.

아기는 잘 자랐다. 그러던 어느 날 정기검진에서 아기의 머리에 물혹이 발견되었다. 의사가 몇 가지 경우를 알려주었다. 물혹은 저절로 없어질 수도 있지만 정상아가 아닐 가능성이 높다고 하면서 끔찍한 단어들을 줄줄이 입에 올렸다. 우리 가족의 삶이 순식간에 헝클어지고 무너져 내리는 것 같았다. 천형의 선고 같았다.

다른 대학병원에서도 같은 소견이었다. 혹의 크기를 수치로 일러주면서 양수검사를 권하였다. 산모와 태아에게 위험부담이 있지만 현재 의학으로서는 가장 확실하다고 하였다. 결과에 따라 낙태를 하거나 출산을 하거나 선택해야 했다. 낙태를 결행할 수 있는 시간도 열흘 정도 뿐, 그때를 놓치면 출산할 수밖에 없단다.

대낮임에도 빛을 느낄 수 없었다. 내 몸 어딘가에서 아기의 숨소리가 계속해서 울렸다. 아들내외 얼굴이 흙빛이었다. 한나절 만에 얼굴이 반쪽이 돼 버린 아네스는 태중의 아기를 쓰다듬으며 고뇌에 차 있었다. 어떻게 말문을 열어야 할지 아무도 엄두를 내지 못하였고 눈을 바로 볼 수도 없었다.

그분의 뜻이 무엇일까. 왜 이런 시련을 주시는 걸까. 기도를 하고 대화를 하고 생각을 하고, 그래 봤자 한숨과 눈물뿐 답이 없었다. 장애 아이를 둔 지인의 사무친 고난과 그늘진 모습이 다가오고 자원봉사를 하면서 만난 장애아들이 눈앞에 어른거렸다. 절망하는 아비어미 모습을 차마 상상할 수 없었다. 우리 부부가 손주를 데리고 멀리 떠나서 그 생명을 위하여 여생을 바치리라.

마음은 하루에도 수십 번 뒤집기를 하였다. 모두를 불행하게 하는 생명이라면 차라리 천사가 되는 편이 낫지 않을까. 태어난들 저는 행복할까. 낙태할 구실들이 떠오르고 그것이 현명한 선택이라는 속삭임이 끊이지 않았다. 미사를 드리고 기도를 하고 묵상을 하고, 그래도 행복 끝 불행 시작, 따위의 말마디만 맴돌았다. 아들내외에게 어떤 선택도 권할 수 없었다. 생명을 거스르지 않기를 기도할 따름이었다.

결단의 시간이 얼마 남지 않았다. 아들 내외는 양수검사를 하지 않겠다고 말했다. 둘이 똑같이 단호한 것으로 보아 충분히 대화를 하고 뜻을 모은 것 같았다. 검사를 해도, 하지 않아도 선택은 마찬가지라는 것이었다. 부모를 선택할 수 없듯이 자녀도 주시는 대로 받을 따름이라고 했다. 아들내외는 생명을, 눈물을 선택한 것이었다. 자기에게 주어진 생명을 끝까지 책임지겠다는 우리 아네스, 거기 성녀가 흐느끼고 있었다.

사랑이 솟구쳤다. 우리 부부가 무엇을 위해 살아야 하는지 분명해졌다. 눈물 저 편이 환해지는 것 같았다. 그럼에도 아들내외를 위로할 말이 없었다. 모든 말이 상투적이고 빈말인 것 같았다. 말이란 말은 다 가볍고 무의미하게 느껴졌다. 검진 때마다 초음파모니터를 통해 아기를 만나는 아네스 심정을 어떻게 헤아릴 수 있겠는가. 나는 아무래도 바보가 되어가는 것 같았다.

출산 날이 다가왔다. 무시로 가슴에 먹구름이 차오르고 회오리가 쳐도 내색하지 않았다. 동산만한 아네스의 배에 손을 얹고 고요하게 아기를 느끼다 보면 마음이 편안해졌다.

아네스가 하느님께 온전히 의탁하기를, 불안과 두려움을 이기고 평화 속에 머무르기를 간절히 바랐다.

'아가야! 사랑해. 우리 모두 너를 기다린단다.'

말라버린 난분에서 눈부시게 노란 꽃이 활짝 피어나더니 온 집안이 향기로 가득하더라는 그 꿈, 할아버지의 태몽에 희망을 걸었다. 지푸라기라도 좋았다. 물혹은 저절로 없어질 수도 있다지 않는가. 그리고 잘못 될 확률이 높다는 거지 100퍼센트 그렇다는 건 아니잖은가. 일말의 희망을 위해 혼신을 다해 마음을 모았다.

마지막 검진 날이었다. 마음을 다잡아도 가슴이 두근거리고 입안이 소태 같았다. 의사 입만 바라보았다.

"아! 혹이 안보이네요. 그렇죠? 안보이죠?"

눈물샘 둑이 터졌다. 혹이 사라졌다는 사실이 건강한 아기를 의미하는지 확인하고 싶었다. 낳아봐야 안다는 의사의 말이 야속하면서도 신의 영역을 인정하지 않을 수 없었다.

봄빛이 화창한 아침, 아네스가 순산 하였다. 예쁘고 건강한 딸이었다. 머리에는 아무 흔적도 없었다. 손톱 발톱 다 갖추었다. 실눈을 뜨고 꿈속인 듯, 배냇짓인 듯 오물거리기도 하고 앙앙 울어대기도 했다. 몸을 푼 아네스에게서 나는 시큼한 땀내가 다디달았다. 아네스를 감싸고 있는 창조주의 미소가 내게도 속속들이 배어들었다.

목격과 증언 사이

'목격자를 찾습니다.' 이따금 거리에서 보는 현수막이다. 본 사람이 없는지, 보고도 모른 체하는지, 피해자는 간절하게 목격자를 기다리는 중이다. 목격은 우연이지만 증언은 선택이지 않을까. 용기 있게 나서지 않는 목격자를 시민정신 운운하며 나무라곤 했다.

그가 입원하고 있는 병원으로 가는 마을버스를 탔다. 음식보따리를 무릎에 놓고 묵주를 쥐었지만 왠지 심란했다. 버스는 횡단보도의 정지선에서 직진 신호를 기다리고 나는 멍하니 창밖을 보고 있었다. 간호의 피로감인지 몹시 나른했다.

맞은편 1차선으로 오토바이 두 대가 전속력으로 달려왔다. 둘 다 헬멧도 쓰지 않았다. 앞선 아이의 노랑머리가 갈기처럼 휘날렸다. 엔진소리가 비명을 지르며 다가왔다. 상체를 한껏 낮추고 기를 쓰는 양이 경주마의 기수 같았다. 퍼뜩 불길한 예감이 스쳤다.

푸른 신호가 들어왔다. 버스는 자연스럽게 직진 횡단보도를 건넜다. 바로 그 순간이었다. 유턴 금지 표지를 무시하고 유턴하던 오토바이가 제 속도를 못 이기고 휘익 크게 원을 그리면서 꽝! 바로 내 무릎 아래 버스 몸통을 치고 들었다. 노랑머리 아이가 저만치 나가떨어지는 둔탁한 소리와 함께 오토바이 조각들이 튀었다. 뒤따르던 아이는 가까스로 버스 앞을 지나 인도에 꼬나 박혔다. 그 아이는 겨우 일어나 몸을 가누었지만 어깨를 감싸고 절룩거렸다.

승객들이 내려서 피투성이로 늘어진 노랑머리 아이를 인도로 끌어올렸다. 아이에게서 흐르는 피가 길게 흔적을 남기고 있었다. 오토바이에는 각기 다른 브랜드의 피자 배달 상자가 부착되어 있었다. 햇빛에 두드러지는 플라스틱 상자의 빨간색이 끔찍스러웠다. 나도 내려서 움직여야 할 것 같았지만 꼼짝 할 수 없었다. 숨이 차고 눈앞이 흐려지면서 고개가 꺾였다. 정신이 사라지는 것 같았다.

구급차가 와서 노랑머리 아이를 들것에 싣고 다른 아이도 함께 데리고 갔다. 운전사가 승객들에게 증언을 해달라고 통사정을 하는 것 같았지만 서로 눈치만 볼 뿐이었다. 뒤차가 오자 승객들은 우루루 다 옮겨 타고 떠났다. 현장은 공연 끝난 무대처럼 허허로웠다.

버스기사가 차에 앉아있는 나를 보더니 다친 데는 없느냐, 많이 놀란 것 같으니 병원에 가겠느냐고 물었다. 고개를 흔들었다. 입도 달싹 못하겠고 만사 귀찮고 그저 눕고만 싶었다. 그가 증언을 부탁한다면서 전화번호를 물었다. 내가 가장 정확하게 보았을 거란다. 그의 말대로 처음부터 상황을 지켜보았고 사고를 예감했고 몇 초 사이에 예감이 적중한 것은 사실이었다.

증언?! 당연히 해야 할 것 같았다. 본 대로 말하면 되는, 간단한 일 아닌가. 아이들은 제 정신이 아닌 것 같았다. 버스는 신호를 잘 지켰다. 그 두 마디면 충분할 것 같았다. 사명감마저 들었다. 순간 머릿속에서 누군가 날 부르는 소리가 들리면서 생각이 얽혔다. 노랑머리 아이는 어떻게 될까. 다친 아이는 제대로 치료받을 수 있을까.

모범시민인데다 '법 없어도 살 사람'이라고 칭송을 받는 지인도 떠올랐다. 그는 교통사고의 현장에 있었다는 사실만으로 목격자라는 이름이 붙었고 경찰에 불려 다니면서 같은 질문을 수없이 받았다. 본 대로 말한 것이 화근이 되어 가해자의 원망을 받으면서 수모를 겪었다. 그는 증언은 보증서는 거나 다름없으니 자식들에게 증언만큼은 절대 하지 말라고 유언하겠다며 손사래를 쳤다.

제노비스 신드롬(Genovese syndrome)의 꼬드김도 들렸다. 목격자가 여럿인데 구태여 내가 나설 필요가 있을까. 다른 사람들은 다 돌아가지 않았는가. 방관이 현명하지 않을까. 와중에도 생각이 세탁기 속 빨래처럼 뒤엉켰다.

운전기사는 메모판과 볼펜을 들고 내 입만 보고 있었다. 이름은 말했는데 전화번호가 가물거렸다. 왜 이러지, 몇 번을 고치고 나서야 맞는 것 같았다. 제노비스 신드롬의 예외자가 되고 싶었는지, 시민정신인지 잘난 척인지 분명하지 않았다.

사고버스가 떠나고 나는 인도 가장자리에 주저앉았다. 다리가 후들거려 서 있을 수가 없었다. 그 아이의 피와 오토바이의 잔해들을 보면서 골똘했다. 전화번호가 왜 깜깜일까. 충격 때문일까. 머리를 다친 걸까. 방관자가 되고 싶은 잠재적 변명일까. 위선자는 되지 말아야 하는데, 전화번호를 제대로 대주긴 한 걸까.

햇빛이 큰 어항처럼 느껴지고 내가 어항 안에서 밖을 내다보고 있는 것 같았다. 전화번호가 낚싯바늘이 되어 어항 속으로 들어와 내 목덜미를 걸어 올리는 것 같았다. 낚시에 걸리지 않으려고 몸을 피하는 내가 보였다. 애매한 진심들이 부유물처럼 떠다녔다.

사라지는 것들

희붐한 새벽에 산책을 나섰다. 오솔길을 감추고 있는 소나무 숲으로 느릿느릿 마음의 풍경을 거닐고 싶었다. 안개바람을 쐬며 울산바위 쪽으로 간다. 예전처럼 소나무 숲을 따라 리조트를 한 바퀴 돌 참이다. 떡하니 공사장이 가로막는다. 반대편 골프장 쪽으로 간다. 호텔이 죽 들어서 있어 돌아 설 수밖에 없다. 멍. 뒤편은 키즈랜드가 들어섰고 그 옆은 또 다른 공사장이다. 객실에서 종일 견뎌 낸 중장비 소음의 현장이 이리 가까이 있다. 막다른 길은 열 수 없는 문처럼 완강하다. 소중하고 아름다운 무엇을 빼앗긴 것처럼 허탈하다.

지난여름 뉴질랜드 남섬에 있는 호키티카* 해변에 갔다. 10년 전 영화에서 본 듯한 영국풍 작은 마을이 무척 인상적이어서 다시 찾은 것이다. 그때는 마을 이 끝에서 저 끝까지 20여 분

거리였다. 시계가 있는 초록색 이층 호텔 네거리를 중심으로 소박한 가게들이 있고 왕복 2차선 도로는 한산했다. 마을 서쪽 가장자리가 바다였다. 탁 트인 수평선으로부터 파도가 밀려와 백사장을 쓰다듬었다. 백사장에는 바다에서 떠내려 온 것들로 만든 아마추어 설치미술 작품들이 있었다. 잿빛 유목의 통뼈를 의지하고 꼬챙이로 엮은 오두막은 넝마와 스티로폼과 패트병으로 지붕을 이은 것이었다.

그 해변이 사라지고 축대 위로 산책로가 뻗어있다. 발밑에 바로 파도가 친다. 해수면이 높아진 때문이란다. 간담이 서늘하다. 그 사이 대형마트가 들어서고 인구도 늘어난 것 같지만 이 마을이 얼마나 갈까. 보도를 통해 지구온난화에 대한 경고를 수없이 들으면서도 먼 이야기로, 그런가 보다 했던 안일함이 일침을 맞는 기분이다. 정동진도 백사장이 줄어들었다고 한다. 해운대해수욕장 개장을 앞두고 덤프트럭으로 모래를 실어다 붓는 뉴스를 본 기억도 난다.

프란츠 조셉* 빙하도 10년 전과는 딴판이었다. 강가 자갈밭에 표지판이 있다. 'In 2008, the glacier ended here' 당시의 사진과 함께 빙하의 변화를 설명하고 있다. 2008년에는 하구에서 본 것 같은데 점점 상류로 올라오게 되는 것이다. 10년 마다 표지판을 세우는 것 같다. 그때 하구라고 생각했던 곳이 예전에는 이 거대한 빙하의 어디쯤이었을지 상상할 수도 없다.

그때도 오늘처럼 묽은 쌀미음을 푼 것 같은 흰 강이 콸콸 계곡을 울리며 흘렀다. 강물에 담근 손이 금세 시렸다. 보이지 않는 깊고 먼 곳에서부터 계곡을 그득하게 채운, 옥빛이 어리어 흰빛이 더 신비로운 빙하는 웅장하고 풍만했다. 지구가 살아온 시간의 켜라고나 할까. 빙하는 표면 가장자리에서는 고드름이 녹는 것처럼 물방울이 뚝뚝 지고 내장에서 무한정 물을 토해내고 있었다. 빙하에 손을 대보았다. 손이 쩍 들러붙나 싶더니 이내 체온만큼 녹는 것 같아 민망했다.

"와 진짜로 얼음이네."

실없는 농담이었다. 헬리콥터로 혹은 아이젠을 끼고 걸어서 빙하 위로 올라가서 전경을 볼 수도 있지만 비용이 여간 아니어서 포기해 버렸다.

표지판을 지나 빙하의 바닥이었을 강기슭 돌길을 헉헉대며 올라간다. 상당히 넓어진 강폭의 가운데로 둑이 터진 것처럼 물이 쏟아져 바다로 달려간다. 여기뿐이겠는가. 해수면이 높아질 수밖에 없다. 얼마나 더 가야하는지 지루하고 힘들다. 한 시간 남짓, 출입금지 테이프가 길을 막는다. 더 이상 못 간다는 안내판이 있다. 까마득히 숨어서 빼끔 내다보는 것 같은 빙하는 호스피스 환자처럼 야위었다. 암담하다. 여행자들은 빙하를 배경으로 인증 샷을 찍느라 바쁘다.

그린란드 북서쪽 잉글필드 브레드닝 지역에서 시베리안 허스

키들이 발목까지 차오르는 물속을 달리며 썰매를 끌고 있는 광경을 텔레비전에서 보았다. 평년 이맘때라면 1.2미터 두께의 얼음 위를 달렸을 터이지만 기온이 15°나 오른 때문이란다. 그린란드 빙하의 40%가 녹기 시작했으며 하루에 200억 톤의 얼음이 녹고 있다고 외신이 전했다.

델피노. 스페인 말로 '소나무 숲'이다. 리조트 이름이 무색하다. 설악산 전부를 두고 그리 말하지는 않을 것 같다. 산책을 나왔지만 숲이 없으니 걸음이 느긋해지지도, 생각이 깊어지지도 않았다. 생명의 소리들도 들리지 않고 마음의 풍경도 열리지 않았다. 꽃은 시들지만 숲은 시들지 않는다고 한다. 하지만 숲은 이렇듯 파괴되고 사라지고 있는 것이다.

네 번이나 막다른 길만 마주치고 숙소로 돌아왔다. 찻잔을 들고 울산바위를 바라본다. 저 장엄한 바위는 무슨 생각을 할까. 햇귀가 막 바위에 닿는다. 기어이 몸을 열어 소나무를 키워내는 저 모습이 바위의 웅변 아닐까. 숲은 사라지고 빙하는 녹고 해수면은 높아지고 있다. 사라지는 것들은 기억될 뿐이다. 동해가 울산바위에 철썩일 때쯤 인류는 어디에 있을까. 바위의 침묵이 경종으로 들린다.

*호키티카(Hokitika): 뉴질랜드 남섬 서해안에 있음.
*프란츠 조셉 빙하(Franz Josef Glacier): 뉴질랜드에서 가장 큰 빙하.

동행

타자와(Tazawa) 호수가 한눈에 들어온다. 아득하게 원을 그린 호수의 가장자리가 보이고 한가득 푸른 물이 일렁거린다. 아침 해를 받아 부드럽게 반짝이는 윤슬이 호수에 내린 은하수만 같다. 맑은 물결에 모래와 조약돌이 환히 비치고 나무그림자가 일렁인다. 물속으로 걸어 들어가면 거기 하늘에 닿을 것 같다. 아득함이 동경을 부추긴다.

"한 바퀴 돌까?"

"걸을 수 있겠어?"

인도가 따로 없는 1차선 도로를 시계 방향으로 접어든다. 호수가 오른편에 펼쳐지고 왼편은 숲이다. 호수 가장자리를 따라 물결이 닿을 만큼 가깝다. 물결이 옹알거린다. 바람이 한가롭다. 들숨마다 초록이고 날숨마다 감탄이다.

친구 위장에 어린 암이 자라고 있다. 이민생활 중에 휴가 와서 받은 건강검진에서 발견되었다. 수술을 앞두고 아끼다 성모 성지에 가서 기도하고 싶단다.

"혼자 못 보내지. 내가 모실게. 환자님!"

"환자님?! 그려, 시간이 돼?"

"만들면 되지."

"여행사는 내가 알아볼게."

그렇게 해서 어제 아오모리공항에 내렸던 것이다. 공항에서 상당히 떨어진 산속 호텔에 들어서야 잘못된 것을 알았다. 아끼다 성지라고 하지 않고 그냥 '아끼다'라니까 여행사 직원은 아끼다 시내로 알아들은 모양이었다. 하는 수 없이 가까운 온천에 다녀와서 한가하게 근처 숲을 산책 하며 오후를 보냈다. 아! 좋다, 이것도 참 좋다! 달콤한 피로를 반기며 이부자리에 들어서 이슥토록 소곤소곤 한 것 같은데 언제 잠이 들었을까.

호텔 프런트 맨이 성지 대신 추천해준 데가 이 호수였다. 둘레 20㎞ 수심 423.4m 일본에서 가장 깊단다. 안내지도와 버스 시간표를 챙겨서 시외버스를 탔다. 기념품 가게도 아직 문을 열지 않아 호수주변은 아침 새, 저들 세상이었다. 가다보면 음식점들이 있을 거라 믿었는데 그게 아니다. 인가조차 없다.

운동복 차림의 청소년들이 삼삼오오 뛰거나 걷거나 한다. 상기된 얼굴에 흐르는 땀이 보기 좋다. 인근 고등학교 체력훈련인데 10㎞를 뛴다고 한다. 영어가 부담스러운 눈치다. 암만 가도 음식점커녕 구멍가게도 없다. 마실 물도 없다. 먹을 건 사과 한 알 뿐, 그늘에 앉아 그걸 먹는다.

"사과 잘 쪼개면 연애 잘한다잖아. 테스트 해볼래?"

사과를 쥐고 부르르 떨어도 사과는 빨개가지고 메롱! 얄밉게 군다. 키득키득. 둘이 번갈아 끙! 용을 써 봐도 어림없다. 연애는 글렀다. 결국 한 입씩 베어 먹었다. 더 먹어. 더 먹어. 됐어. 많이 먹었어.

고개를 넘고 숲을 지나자 조붓한 길이 사람을 감싸는 듯하다. 여태 차가 한 대도 지나가지 않는다. 평소 자동차를 날개삼아 별로 걷지 않던 친구라 유심히 살핀다. 친구가 탈이 나면 119로 전화하고 다리와 발을 주무르며 기다리리라. 자동차가 지나가면 히치하이킹을 하리라. 음식점이 나오면 무조건 들어가리라. 보디가드처럼 단단히 각오한다.

빨간 차 한 대가 얌전하게 지나간다. 깍두기 만한데 뭔 히치하이킹? 고대하던 휴게소다. 학생들이 버스를 타고 떠나자 우리뿐이다. 꼬치와 우동을 먹고 커피를 마셨다. 많이 먹지 않는 친구가 안타깝다. 생수와 초콜릿을 챙겼다.

다시 걷는다. 반은 더 온 것 같다. 호숫가에 타츠코상이 있다. 영원의 미를 추구하다 타자와의 용이 되어 사라졌다는 전설의 인물상이라고 한다. 워낙 지쳐서인지 시큰둥. 출발한 데가 수평선을 두른 울타리처럼 보인다. 도착해야할 곳이기도 하다. 둘이 함께 같은 곳을 바라보고 있으니 행복감이 차오른다. 말없이도 배려와 격려를 느끼는 것. 동행이란 얼마나 애틋한가.

다리가 질질 끌린다. 쉴 데가 없기도 하지만 호텔로 가는 막차를 놓치면 더 낭패다. 한 걸음 떼어놓는 만큼 갈 길은 짧아지고 온 길은 길어진다.

"지구에 에메랄드 펜던트를 걸어준 것 같애."

"정말! 정말 예쁘다. 너한테 잘 어울리겠어."

그 펜던트 가장자리를 돌아서 해질녘에서야 출발지점에 다시 왔다. 8시간 넘게 걸렸다. 호수둘레를 걸어서 완주하는 사람은 거의 없는 것 같았다. 아주 가끔 만나는 자동차는 바로 옆을 스쳐도 매연을 느끼지 못할 정도로 속도를 낮추었다. 매번 손을 흔들어주었다. 조그만 배려로 다른 사람을 편하게 기분 좋게 할 수 있다면 그것이 무엇이든 해볼 일이다.

마지막 버스로 호텔에 돌아왔다. 늦은 밤이라 온천장이 고즈넉하다. 욕조에 몸을 담그고 눈빛에 어리는 우정을 오래 바라보았다.

공감

두 번째 시집『참새는 짹도 못했다』를 출간하였다. 많은 분들이 축하와 덕담을 주셨다. 감격스럽고 감사하였다. 일일이 답신을 드리면서 더욱 정진하리라 다짐하였다. 내가 반짝거리는 것 같았다. 그즈음 오정순 수필가에게서 문자가 왔다. 시집의 감상을「다섯 개의 구멍」이라는 수필로 발표했다며 원고를 내 메일로 보냈다고 한다. 매우 드문 일이어서 퍽 궁금하였다.

작가는 하늘에 뿌리를 두고 땅을 향해 거꾸로 자라는 나무의 이미지다. 땅에 드릴을 대어 지구의 반대편 하늘 언어가 들릴 때까지 파고들어가 단어를 찾아내는 사람이다. 하늘 언어를 듣지 않고 글을 짓는 작가는 구멍의 필요성을 느끼지 못한다. 나무가 잎을 내듯 작가는 적절한 단어를 내어 글 나무를 키우는 사람이다. (…중략…) 단어는 기억 속에서 직조되어 새롭게 만들어져서 시인마다 바라보는 세상이 다르다.

땅에 발을 디디고 사는 사람은 누구나 마땅히 하늘의 뜻을 헤아려야 한다는 내 생각과 바로 통하고 있었다. 하물며 작가임에랴. 하늘은 신앙이고 지혜이기 때문이다. 정신이 번쩍 들고 긴장되었다.

> 『참새는 짹도 못했다』 시집의 표지는 하늘색 바탕에 갈색 겉지를 입혔다. 겉지 오른쪽에 표제와 이름을 적고 왼쪽으로는 연필이 들락거릴 만한 크기의 구멍을 다섯 개 냈으며 그 구멍을 통해 독자는 속지인 하늘색을 만나게 된다. 표지 상단에는 단풍든 댕댕이덩굴이 몇 가닥 아래로 늘어져 하늘에 뿌리를 두고 거꾸로 자라고 있다. 그 줄기는 바람에 출렁거리며 땅으로 뻗기보다 하늘로 오르고 싶은 열망을 가진 듯 U자를 옆으로 벌여놓은 모양새를 하고 있다. 펀치로 뚫은 구멍 네 개를 세로로 나열하였고 마지막 구멍을 오른 쪽으로 하나를 더 배치하여 L자 형으로 디자인을 했다.

나도 책을 받으면 표제와 표지 디자인을 먼저 감상한다. 느낌을 인식하고서야 표지를 넘겨 작가의 모습을 눈에 익힌다. 표지로 책을 평가할 일은 아니지만 표지의 감상은 책에 애정을 가지게 하는 경우가 많다.

'분명 4부로 나누었을 거야. 그런데 하나의 꼭지는 뭐지?' 찾았다. 하나의 구멍은 해설 꼭지였다. (…중략…) 이 책의 표지는 사람이 꿈의 요소를 분리하여 해석하듯 각 요소들이 분리되어 말을 걸면서 상상하고 놀기에 좋다.

나는 구멍 다섯 개로 오감을 상징하였다. 오감을 기초로 하여 생각과 영혼으로 하늘을 헤아리고 깊이 교감하며 익어가는 것, 그것이 삶이라고 생각하고 있다.

내가 책을 펴내는 것은 첫째는 내 영혼과 심장에서 나온 글을 보존하기 위해서이고 둘째는 독자에게 보여주려는 의지이다. 그렇더라도 책의 완성은 독자의 몫이다. 그러니 독자의 공감을 바라는 간절함을 꿈이라고 해도 좋을 듯하다. 책은 책이 말할 뿐 더 이상 설명할 기회는 없다. 독자는 다양하고 반응은 독자의 권리이다. 서로 일방적이기 마련인데 이처럼 수필작품으로 독자를 만나니 고맙고 설레었다.

속지는 하늘색이고 겉지는 땅색이다. 시집은 현실을 뚫고 내면으로 파고 들어가 건진 단어들의 조합이라는 생각이 들었다. 시인이 뚫은 구멍과 평론가가 뚫은 구멍을 합해 구멍이 다섯 개다. 디자인을 통해 영성시를 썼겠구나, 짐작할 수 있었다. 땅의 세계에서 하늘을 엿본 글을 만나고 싶어졌다.

그와 나의 생각이 거의 일치를 이루는 가운데 드디어 그가 표지를 열고 내 시의 세계로 들어가려 한다. 가슴이 펄떡거렸다.

> 따뜻하고/ 부드럽고/ 촉촉하고/ 아련하고// 몽롱하여/ 눈이 감기고/ 몸이 뜨고/ 집중하여// 달콤하고/ 스미고/ 배어들어// 가벼이 떠오르다/ 너울거리며 가라앉다.
>
> -「키스」 전문

영성시를 기대한 그에게는 엉뚱하고 파격적이었을 것 같았다. 짓궂은 장난을 친 것 같아 재미가 났다. 퀴즈의 답에 근접해가는 짜릿함이라고나 할까.

성모발현지 루르드에서 침수를 경험하고 쓴 시 「침수」를 만났다.

> 가난한 기도도 하늘 적시고/ 땅에 마음 대며 자비를 구하네/ (중략) 다 벗은 몸에 돋는 핏빛의 뉘우침을/ 희디흰 아마포로 감싸고/ 태초의 양수에 잠기네// 서늘하고 또 따뜻하여/ 부드럽고 깊은 찰나의 씻김으로/ 정화의 절정에 드네.

얼마 후, 그곳에서 순례 일정을 마친 다음 날 아침, 나는 세수를 하고 거울을 보다가 기겁을 했다. 내 눈이 다이아몬드를 갈아서 부어 놓은 듯 반짝였다. (중략) 조용히 이불 속으로 들어가 기도를 시작했다. 정연순 시인의 「키스」 같은 느낌이 온몸을 감쌌다. 육감적인 언어를 빌려 영적 키스를 적은 게 아닐까 싶었다. 나도 그날 구멍을 통해 하늘을 보았다. 드디어 시인이 유인하는 대로 구멍 속에 들어갔다 나왔다. 공감하면서 상상 속에서 표지의 구멍수가 늘어나다 보면 표지가 나달거리며 벗겨지는 날이 올 것이다. 하늘과 마주 하는 날이겠거니 생각하니 숙연해졌다.

좍 소름이 돋았다. 숨이 깊어지면서 고요에 들었다. 공감이란 얼마나 직감적인 것인가. 직감은 또 얼마나 순수한 것인가. 다른 사람의 감정에 상상력을 더하여 그것을 헤아려 아는 능력, 공감이란 자아의 한계를 넘어선다는 의미이기도 한 것이다. 가슴이 가슴을 건드려 일치를 이루는 기쁨은 극적이고도 감동적이었다. 내 글을 책이 나달나달 해지도록 읽는 누군가가 있다면 우리는 인생의 길동무 아니겠는가.

신발읽기

명동성당 영안실에서 영면하신 신부님을 뵈었다. 유리관 속에 누워계신 신부님의 구두는 검정 단화였다. 50년 넘게 제단에서만 신으셨던 미사전용 구두다. 뛰거나 물에 젖거나 흙에 닿은 적이 없을 터임에도 밑창이 닳아 있다. 미사봉헌의 시간이 쌓인 흔적이리라. 존경하네, 사랑하네 하면서도 주의 깊게 신부님의 구두를 살핀 적이 없었음을 그제야 알았다. 망연히 구두를 들여다보며 사제의 길을 다시 생각하였다.

어머니 고무신은 눈부시게 희었다. 갓 깨어난 배추흰나비 한 마리가 아주 작고 까만 눈을 뜨고 코끝에 앉아 있었다. 늘 정갈했다. 아버지는 흰 구두를 신으셨다. 어머니는 아버지 구두에 입김을 불어 면포로 닦아 신장 안에 두셨다. 겨울에는 따뜻한 부뚜막에 놓았다가 출근 채비에 맞춰 마루 끝에 놓아드렸다. 빈

댓돌은 두 분의 부재중 신호였다. 댓돌 위에 두 분의 흰 고무신이 가지런히 놓여있는 것만으로도 든든하고 신이 났다.

지하철을 타면 주로 기도하고 책보고 음악을 듣는다. 지루하거나 피로할 때는 맞은편의 신발을 읽으면서 놀기도 한다. 신발마다 발이 들어있다. 신발은 발의 거푸집 같다. 신발만 보고 신발에 발을 담고 있는 이의 성별과 연령대는 물론 몸집이나 성격까지 짚어본다.

하얀 끈이 반듯하게 나비모양으로 매듭지어진 감색 운동화가 다소곳이 두 발을 모으고 있다. 소녀에서 처녀로 성장하고 있는 여학생일 것 같다. 딱 그 나이로 보인다. 그녀에게서 물씬 청춘이 느껴진다. 참하다. 밑창이 유난히 두꺼워서 벽돌 같은 느낌을 주는 저 운동화 주인은 틀림없이 키가 작을 것이다. 볼이 넓은데다 발등이 소복하니 살집이 여간 아니지 싶다.

'여포화' 아주머니는 무릎이나 허리에 문제가 있지 않을까? 여포화 옆에 베이지색 하이힐이 있다. 찐빵처럼 부풀어 오른 발등이 하이힐에 갇혀 신음하고 있다. 미니스커트에 무릎이 벌어져 있으니 민망하고 긴장된다. 손수건이라도 덮어주고 싶다. 타인의 눈길은 아랑곳없이 이야기가 한창이다. 모녀가 결혼식에 가는 모양이다. 내릴 채비를 하는데 다리가 휘어진 아주머니보다 굽이 뾰족한 하이힐 위에서 안간힘을 쓰는 딸이 더 위태로워 보인다. 부모 속깨나 썩이겠다.

작업화 두 짝이 멀찍이 마주보고 있다. 이름 하여 '쩍벌남' 신발이 남루하다. 돌보지 않은 티가 역력하다. 생활의 고단함이 묻어난다. 굳은살이 박였거나 티눈이 뿌리내렸을지도 모른다. 사는 데 치여서 너덜너덜해진 주인을 닮았다. 남자는 팔짱을 낀 채로 눈을 감고 편히 쉬어 자세다. 머릿속은 먹고사는 일로 빼곡하지 않을까. 그의 신발은 결핍을 증언하고 있다. 헌 신발일수록 주인의 삶을 깊이 알 것이다.

그것 위로 고흐의 '신발 한 켤레'가 겹쳐진다. 나는 그 그림에서 격정과 굶주림과 고독에 지친 사나이의 호소를 보았다. 감당할 수 없는 삶의 무게와 그럼에도 살아내고 싶은 숙명의 외침이 섬뜩하게 다가왔다. 그토록 처절한 비명에도 신발의 주인을 절망에서 구해내지 못한 시대의 완고함과 비정함을 원망했다. 그러한 외침은 지금도 사방에서 들려오지만 세상이 주는 희망은 너무 적고 선별적이다.

스마트폰에 이어폰을 연결하여 돈 매클린의 '스타리 스타리 나잇(Starry Starry Night)'을 듣는다. 프랑스의 오베르 쉬르 우아즈에 가서 붓을 내려놓고 삶에서 떠나버린 고호를 추모했다. 그는 마을 공동묘지에 세상에서 그를 사랑했던 단 한 사람, 마태오와 나란히 잠들어 있었다. 흔해빠진 아이비가 그들 유택에 넝쿨져 있었다. 마지막 거처였던 라부 여인숙과 '까마귀가 있는 밀밭' 등 그림의 소재가 된 여러 현장을 돌아다니면서 그의 시선에 앵글을 맞춰보았다. 그래본들 나는 비극을 낭만으로 즐기는 관객일 뿐이었다.

그날 성체조배를 하러 오베르 성당에 갔다가 마침 혼배미사에 참례하였다. 차에서 내려 성당으로 들어가는 신부의 웨딩드레스 아래로 코발트블루의 비단 구두가 살짝살짝 보였다. 강렬한 인상이었다. 그런데 더 짜릿한 것은 굽이 없고 날렵하고 코끝이 뾰족한 단화에 담긴 발등의 푸른 정맥이었다. 가늘게 도드라진 그 길로 생명이 흐르고 있을 것이었다. 희망과 행운을 향한 발걸음에 썩 어울리는 신발이었다. 세상은 그렇게 희망과 행운, 절망과 불행이 혼재되어 돌고 도는 것이다.

그날 거의 30㎞를 걸었다. 그리고 파리로 돌아오는 전철의 좌석에 몸을 부리고 승객이 없는 것을 확인하고 신발을 벗었다. 신발에서 훅 열기가 뭉텅이로 솟구쳤다. 가혹한 노동 끝의 날숨이었다. 까미노 데 산티아고(Camino de Santiago) 800㎞ 순례를 위해 큰 맘 먹고 마련한 걷기용 신발이다.

신발만큼 몸과 하나가 되어 몸의 노동에 기여하는 물건이 또 있을까. 돌잡이 걸음마 신발부터 신부님의 제단화나 지금 보고 있는 지하철 승객의 신발이나 신발은 다 노동한다. 몸의 가장 하부에서 몸의 중량을 고스란히 싣고 이동하는 것이 신발의 숙명이다. 고마운 물건이다. 모든 신발은 헌신하므로 아름답다.

맞은편 좌석의 신발이 거의 바뀌었다. 사람이 바뀐 것이다.

하긴 나처럼 긴 시간을 꼬박 앉아 있는 사람은 흔치 않다. 신발이 참 다양해졌다. 생활의 다양성이기도 할 것이다. 용도에 따라 기능이 다르고 유행 따라 모양도 바뀐다. 재질 또한 발전을 거듭하여 가볍고 질기고 편한 신발이 좀 많은가. 금강산 유람에도 흰 정장구두를 신으셨던 아버지 세대에 비하면 이제 신발은 패션이다. 아니, 패션의 완성이라고도 한다.

신발의 변천사가 인류사의 변천과 맞물릴지도 모른다. 신발이 시대의 문화를 아우르는 표징일 수도 있겠다. 나의 신발읽기는 심심파적에 불과하다. 신발 박물관에 가보기로 작심하고 검색을 누른다.

그날의 콰지모도*

뚫어져라 나를 바라볼 때가 있다. 그럴 때 아주 깊은 방에 그녀가 있다. 얼굴도 잘 모르거니와 아는 것이라곤 몸이 불편하다는 사실과 불우한 처지의 가난한 처녀일 거라는 짐작뿐이다. 그녀와 나는 오랜 식구처럼 편안하다. 나는 미안해하고 그녀는 그날처럼 검고 긴 머리채로 얼굴을 반나마 가리고 소리 없이 웃는다.

소녀 시절의 끝 무렵 겨울이었다. 목욕탕은 알맞게 김이 서리고 꽤 붐볐다. 소리가 크게 울려서 시끌벅적한 가운데 저마다 자기 몸뚱이에 열중하고 있었다. 입구 쪽 자리라 사람들이 들고 날 때마다 찬바람이 휙 끼쳤다. 누군가 문을 닫는 동작이 잽싸지 못한 듯, 오싹해서 고개를 들어보니 거기 그녀가 주춤거리고 있었다. 노트르담 성당의 종지기 콰지모도가 겹쳐졌다.

여자들은 그녀를 힐끔거리며 대야나 수건으로 자리를 메우면서 넓혀 앉았다. 땟국에 전 그녀가 옆에 오지 못하게 하려는 몸짓이 분명했다. 잠시 긴장이 감돌았다. 목욕탕에서는 다 평등하다고 한다. 아니다. 틀린 말이다. 목욕탕에서는 신체 노출의 적나라함이 평등할 뿐이다. 나는 보란 듯이 벌떡 일어나서 어찌할 바를 모르는 그녀를 내 옆에 앉혔다. 그리고 우쭐했다. 봐라! 니들 뭐냐?

낡은 수건 한 장과 비누를 내려놓은 그녀가 조심스럽게 두리번거렸다. 얼른 대야와 바가지를 챙겨주었다. 물을 퍼 쓰기도 눈치를 보는 것 같아 더운물을 끼얹어 주고 대야에도 물을 채워주었다. 고맙다는 듯 그녀가 살짝 얼굴을 들어보였다. 진심이 느껴졌다. 내 또래가? 그녀에게서 고무지우개의 버캐처럼 떨어지는 때가 다른 사람 눈에 뜨일세라 부지런히 물을 퍼부어 하수구로 쫓아냈다.

거기까지는 괜찮았다. 등을 밀 순서가 되면서 마음이 엉켰다. 그녀의 등을 밀어주고 그녀에게 내 등도 맡기는 것이 자연스럽지만 줄에 꿴 구슬처럼 도드라져 있는 굽은 등뼈의 감촉이 손바닥에 느껴지면서 혐오감이 밀려왔다. 벼르고 볼수록 더 못 할 것 같았다.

그럼 그녀의 등은? 사람들은 옆에 앉는 것도 싫어하는 눈친데. 그렇다고 내가 다른 사람하고 서로 등을 미는 짓은 차마 못할 노릇. 일껏 생각해낸 것이 에라, 등을 밀지 않고 바쁜 듯 나와 버리는 것이었다. 나는 이미 등을 민 것으로 그녀가 생각해주었으면 했다.

내 목욕용품들을 그녀에게 다 밀어주었다. 마지막으로 더운 물을 몇 번 더 끼얹어주고 대야에도 물을 채워준 다음 "먼저 갈게요." 하였다. 하찮은 것으로 무안 땜을 하는 수작이라는 가책이 느껴졌다. 그녀가 몸을 움직여 인사를 하는 것 같았지만 내 속을 훤히 꿰뚫고 있는 것 같아 뒤통수가 찌르르 했다.

탈의실에서도 마음은 온통 그녀에게 있었다. 지금이라도 늦지 않았다. 다시 들어가 씻겨줘야지 하면서도 마음뿐 어느새 발걸음은 집으로 향하고 있었다. 햇살이 맑았지만 해를 볼 면목이 없었다. 나는 패잔병처럼 땅만 보고 걸었다.

그 일을 「빚두루마기」라는 수필로 오래전에 발표하였다.

> 그녀를 다시 만날 수는 없었다. 그러나 그녀는 도처에 있다. 관심을 가지고 보면 수많은 그녀들이 있다. 나는 여전히 숱한 변명을 만들어 인색하게 군다. (…) 꾼 것을 빚이라고 한다. 꾼 것만 빚이겠는가? 마땅히 나누어야 할 것을 나누지 않은 것도 빚이겠다. 가진 것을 나눌 기회를 흘려버린 빈자리에 빚이 쌓인다. 빚은 길미까지 얹어서 갚아야 하는데 내 빚은 길미는커녕 늘어나기만 한다. 그러니 나는 빚두루마기다.

살다보면 돌이킬 수 없는 일들이 있다. 다시는 그런 요령을 부리지 않으리라 했지만 나는 번번이 같은 실수를 범하곤 한다. 누군가 어머니 같은 손길로 그녀의 등을 씻겨주었으리라 믿는다. 세상에는 착한 사람이 정말 많으니까. 그녀는 지금도 나의 허약한 겸손에 강장제가 되고 그 어렵다는 긍정의 동기가 되어 준다.

*콰지모도: 빅토르 위고의 소설 『노트르담의 곱추』의 주인공

2.

사막을 건너는 법

홀로서 먼 집으로

초등학교 5학년 때 장티푸스를 앓았다. 전염병이라 마을 사람들에게는 긴장과 불안이 먼저 감염되었다. 다들 '연순이' 소문에 귀를 세우고 있는 참인데 만우절에 누군가가 '연순이가 죽었대' 하는 바람에 선생님들이 죄 달려오시고 마을 어른들도 속속 모여들었다. 유난히 나를 예뻐하시던 어머니 친구는 "아이고, 연순아!" 대문귀서부터 눈물바람이셨다. 나는 '안 봐도 비디오'라는 요즘 말처럼 문밖 동정을 훤히 꿰고 있었다.

곧 이웃 오빠가 벌인 만우절 해프닝임이 밝혀졌다. 음식상이 차려지는 낌새가 있더니 간간이 웃음소리가 났다. 바람이 든다고 내가 있는 방문은 열어보지 않았지만 들으란 듯이 목청을 돋우셨다. "이제 연순이는 오래 살 겁니다." 그러면서 손님들이 돌아가시는 것이었다. 당장 뛰어다닐 수 있을 것 같기도 하고 무슨 주인공이 된 것처럼 기분이 썩 괜찮았다.

봄빛이 날로 따사로웠지만 아직 마당에 내려서지 못하고 용변도 요강에 보면서 조심스럽게 회복기를 견디고 있었다. 희한하게도 해수욕을 했을 때 그랬던 것처럼 살갗이 허물을 벗었다. 그날도 흰 습자지 같은 그것을 될수록 크게 벗겨서 햇볕이 드는 장지문 쪽에 대고 거기에 난 실금과 털구멍을 보며 시간을 죽이고 있는데 밖에 스님이 오셔서 어머니와 두런두런.

"막내 여식은 서른둘이 천명입니다."

스님의 말이 귀에 꽂혔다.

번개가 쳤다. 서른둘! 무척 오래 사는구나, 실컷 사는구나, 심심해서 어떡하지, 얼떨떨. 열한 살배기에게 서른둘은 까마득한 허공이었다. 그럼에도 죽음이라는 것이 늘 나와 함께 있는 것을 느꼈고 그것을 관망하게 되었다. 잦은 병치레에도 시간의 속도대로 나이를 먹고 결혼을 하고 남편을 따라 영세를 받았고 연년생 두 아들의 엄마가 되었다.

서른 살에 자궁암이 왔다. 초진 의사의 오진과 처방으로 시간을 끄는 동안 크게 자라버린 그것과 4년을 동거하였다. 의료진이 항암제가 듣지 않는 영문을 몰라 당황하는 가운데 약의 부작용과 고통은 점점 심해지고 몸은 망가질 대로 망가져서 더 이상 치료를 할 수 없는 처지가 되었다. 의사가 챠트에 'OGK'라고 흘려 쓴 것을 우연히 보았다. 그것은 'Only God knows'

하느님만이 안다는 뜻이었다.

길 떠날 준비를 해야겠다는 생각이 들었지만 딱히 도움 받을 데가 없었다. 울산과 서울을 오르내리며 입퇴원을 반복해야했고 본당 신부님마저 개인적인 고통에 휘말려 계셨다. 출발은 임박한데 준비가 없어 당황스럽고 초조했지만 남편에게조차 속마음을 털어놓지 못했다. 희망을 놓아버린다고 낙담할 것 같아서였다. 그러는 사이 그가 전근이 되어 서울 반포로 이사를 했다.

입원을 앞두고 집안을 정리하고 구지레한 것은 버리고 새것으로 채웠다. 내 물건은 깔끔하게 정돈해 두었다. 나를 대신할 여자에게 보여 주고 싶은 자존심이기도 하고 그래야 남편과 아이들을 홀대하지 않을 것 같았다. 그녀에게 아이들을 부탁하는 편지를 쓰고 싶었지만 그 생각만 하면 가슴이 빼개지듯 아파서 쓸 수가 없었다. 현관을 나서면서 낡은 슬리퍼마저 쓰레기통에 던졌다. 붉은 꼬리 별똥별 하나가 정처 없이 떨어지는 것 같았다.

단단히 이별을 결심하고 입원실에 들어왔다고 생각했으나 생활의 현장을 수습했을 뿐 마음은 여전히 허둥대고 있었다. 바보같이 살았다 싶기도 하다가 그래도 나쁜 사람은 아니었다고 도리질도 치다가 내 발등의 불끄기와 내 앞가림에만 급급한 일생이었다는 반성도 하다가 눈물에 한숨에 초조함까지 더한 채로 생게망게 헤매었다.

삶은 길지만 죽음은 순간 아닌가. 그리고 다시는 일어나지 않을 단 한 번의 마침표다. 그 상태로는 하느님 뵈올 면목도 염치도 없어 난감하기 이를 데 없었다. 엉망진창인 나를 그나마 좀 다듬어야, 나의 주인이신 하느님 앞에 목욕이라도 하고 가야지, 진심이고 간절했다.

한 가지 방법을 생각해 내었다. 기억이 있는 처음부터 그러니까 네 살 즈음부터 년도 별로 머릿속에 사람과 상황을 떠올리고 대상에 따라 감사와 용서와 화해의 묵주기도를 올리기로 한 것이다. 그 일을 '작업'이라 이름하고 누락되는 것이 없도록 꼼꼼하고 진지하게 짚어 나갔다.

어린 시절은 쉽게 지나가더니 머리가 클수록 복잡하고 건수도 많아졌다. 용서와 상처가, 화해와 원망이 엎치락뒤치락 하는 가운데 마음의 통증을 이겨내기가 무척 힘들었다. 마음이란 얼마나 성가시고 고집 센 물건인지! 그것으로부터 자유로워지는 것은 불가능해 보였다.

어떤 기억에는 며칠을 매달리기도 했다. 참아서 생긴 응어리들이 파도에 제 몸을 깎는 몽돌처럼 밤낮 없이 울었다. 그러면서도 애간장이 끊어지는 간청은 아이들에게 나보다 더 좋은 엄마를, 남편을 더 행복하게 할 여인을 보내주시라는 기도였다. 아이들에게 그늘을 지우지 않겠다는 일념으로 병을 감추어왔기 때문에 이별의 말도 못 꺼낸 터였다. 성모님은 기대어 울 유일한 가슴이었다.

암병동에서는 의료진은 물론 환자와 보호자들에게도 나는 '오늘내일' 하는 중환자였다. 그날도 호흡기에 의지하면서 곤두선 신경은 병실은 물론 복도상황까지 스캔 중이었다. 인턴 둘이 와서 저들끼리 귀엣말을 하였다.

"오늘 밤 넘기기 어렵겠지?"

'내일이 없다고?!' 태산 같은 파도가 때렸다. 허우적거릴 틈도 없이 소용돌이에 휩쓸렸다. 시간이 멈추었다. 송곳 같은 외로움이 엄습하고 새까만 고독이 옴짝달싹 못하게 사방 벽을 쳤다. 내가 말을 할 수 있는지조차 알 수 없었지만 정신은 명징하였다. 죽음은 완전한 혼자의 것이고 철저하게 개별적인 것이었다.

유일한 희망은 하느님이었다. 거기서 왔으니 그리로 가는 것은 당연하고 온 데로 가는 것이 안심이기도 했다. 그러나 나는 유치원생과 초등 1학년, 영 이별이란 상상조차 못하는 어린 것의 엄마가 아닌가. 영세 받은 지 8년. 단순무지한 발바닥 신자 주제지만 무식하면 용감하다고 하지 않더냐.

저 어린 것들을 두고 설마 떠나게 하시랴. 매달리자. 오로지 홀로서 먼 집으로 가야 하는 길을 준비 없이 떠나야 하다니. '하느님! 살려주세요!' 그 한마디 묵언을 외치고, 외치고 절규했다. 필사적이었다. 사람으로서는 결국 혼자였다. 그러나 애원을 들어 줄 하느님이 계시고 날 위해 빌어주실 성모님이 계셨다. 오로지 그것만이 희망이었다.

어느 순간 교실만큼 큰 얼음 속에 내가 들어있었다. 완벽한 고립이었다. 추워서 이가 뚝뚝 마주쳤다. 주님! 추워요. 추워요. 성모님 보듬어 주세요. 추워요. 온몸이 얼어붙는데 가슴 한 군데는 뜨겁고 정신은 더욱 맑았다. 시간이 얼마나 흘렀는지 알 수 없었다. 나는 어느새 감사와 찬미를 드리고 있었다. 몸뚱이가 햇순 돋는 봄 나무 같았다. 수액이 전신을 타고 돌았다.

병이 떠났다는 확신이 들었다. 일어나니까 일어나졌다. 혼자 샤워도 했다. 하니까 할 수 있었다. 거울을 보았다. 물끄러미. 얼마만인가. 머리칼은 다시 자랄 것이다. 내 눈이 저리 맑았던가. 아이들의 눈망울이 겹쳐졌다. 미치게 보고 싶었다. 두 녀석을 부둥켜안고 이제는 걱정 말라고 자신 있게 말하고 싶었다.

새 환자복으로 갈아입고 민머리로 침대에 앉아서 아침 회진을 기다렸다.

"저 다 나았어요. 집에 가게 해주세요."

30여 개의 휘둥그레진 눈이 생글생글 웃는 나를 보았다. 스텝들이 죽 둘러선 가운데 과장님은 할 말을 찾지 못하고 머뭇거렸다.

"제 몸은 제가 알아요. 정말 다 나았어요. 모든 책임은 제가 지겠습니다."

나만이 아는 그것을 조금도 발설하지 않았다. 결국 의료진은 기적이라는 말을 꽃다발처럼 안겨주면서 퇴원에 동의해주었다.

다음날 다시는 못 돌아올 줄 알았던 집으로, 아이들에게로, 남편에게로 돌아왔다. 모든 것이 아름답고 충분하였다.

그로부터 온 데로 돌아갈 준비는 삶의 숙제가 되었다. 우리의 삶이 단순한 동물적인 죽음으로 끝난다면 삶도 사랑도 믿음까지도 얼마나 허망할까. 삶의 보람과 같은 무게로 죽음의 보람도 있어야 하지 않을까. 어쩌면 그 두 말이 같은 뜻인지도 모른다. 먼 길, 홀로서 가는 그 준비를 위하여 지금 무엇을 할까. 삶은 온 데로 돌아가는 여정임에랴.

회초리의 꿈

나는 싸리나무 회초리입니다. 석 자 남짓 길이에 나무젓가락보다 가늡니다. 워낙 볼품없어서 누가 주워가지도 않을 겁니다. 하지만 나는 버려진 몸이 아니랍니다.

어느 해, 여름이 기울 즈음 한창 보라색 꽃을 피워 올리고 있을 때 이 댁 어른께서 나를 주머니칼로 잘라내셨습니다. 겁이 나서 죽는 줄 알았습니다. 매끈하게 잔가지를 다듬고 휘청휘청 흔들어보시더니 집으로 가지고 오셨지요.

부인하고는 눈빛 한번으로 통하는 것 같았고 두 분 다 장난기가 다분했습니다. 곧장 안방 3층장 위에 살게 되었습니다. 목이 마르고 친구들이 보고 싶어 울기도 했습니다만 하나를 잃으면 하나를 얻는다고 했던가요. 그날부터 이 댁 돌아가는 사정을 훤히 알게 되었지요.

이듬해 봄, 막내가 여섯 살 때였습니다. 도우미 복숙이가 나물 캐러 가는 날이었지요. 말이 그렇지 실은 처녀들의 봄바람이지요. 복숙이는 무명 통치마에 꽃무늬 포플린 저고리로 모양을 냈습니다. 자주댕기를 들여 땋은 머리채가 등짝에 치렁거리는데 '말만한 가시나'라는 부인 말씀이 실감났습니다. 묵직한 찬합과 대바구니와 날선 나물 칼을 챙겨 복숙이가 집을 나서는 순간이었습니다.

막내가 따라가겠다고 나섰습니다. 말려도 막무가내 고집을 부렸습니다. 낌새를 채고 아침부터 복숙이만 지켜보고 있었던 게지요. 엄마는 복숙이 더러 걱정 말고 어서 가라고 눈짓에 손짓을 더했습니다. 복숙이가 대문을 나서자 막내를 달래던 엄마도 마음을 놓은 것 같았습니다. 막내에게 돈 한 푼을 쥐어주고는 안방에서 저고리 동정을 다셨습니다. 집안이 고요했습니다.

한참 지난 후였습니다. 사탕 사러 갔거니 했던 막내가 기척이 없자 소꿉 단짝 미자네로 놀러갔나 보다 하던 참에 막내가 눈물콧물 범벅이 되어서 들어오는 겁니다. 하소연인즉 남창 강을 건너 서들 너머까지 복숙이 언니를 부르며 따라갔는데도 언니는 집에 가라고 소리만 지르고 결국 저만치 산모롱이를 돌아가 버렸다는 겁니다. 더 기가 막힌 일은 들고 간 이바구미와 부엌칼을 서들에 놓고 왔다는 겁니다. 복숙이 더러 가져가라 했다나 어쨌다나.

엄마는 화가 난 것 같기도 하고 화를 내야겠다고 작정을 하신 것 같기도 했습니다. 벌떡 일어나서 장롱 위에 있는 나를 꺼내들고 막내와 마주 앉았습니다. 상황판단이 안 되는지 막내는 그예 징징거렸습니다. 엄마는 조목조목 잘못을 짚어나갔습니다. 복숙이 가는 데가 아주 멀어서 너는 못 간다고 하지 않았느냐, 그 큰 바구니하고 식칼을 들고 뛰다가 넘어지기라도 하면 어쩔 뻔 했느냐, 가지고 갔으면 어떻게라도 네 손으로 가지고 와야지 왜 언니 핑계를 대느냐, 엄마 말을 듣지 않고 고집을 부렸으니 매를 맞아야겠구나.

엄마는 몇 번이나 나를 방바닥에 내리쳤습니다. 온돌바닥에서 딱 소리가 날 때마다 막내가 움찔 했습니다. 몇 대를 맞겠느냐는 엄마 말에 막내는 검지 하나를 겨우 세워보였습니다.

"종아리 걷어!"

울상이 된 막내가 엉거주춤 일어서서 바지를 걷어 올렸습니다. 가느다란 종아리가 드러났습니다. 엄마가 마음을 다잡더니 나를 들어 막내의 종아리를 때렸습니다. 막내는 자지러지고 나는 눈을 질끈 감았습니다. 찰나였습니다. 막내의 살갗을 느낄 틈도 없었지요. 그제야 나는 내가 회초리가 되었다는 사실을 알았습니다. 탯자리에 살 때 비슷한 이야기를 전설처럼 들은 적이 있습니다만 내가 그리 될 줄은 짐작이나 했겠습니까?

엄마는 나를 내 자리에 올려놓고 울다 잠든 막내를 아랫목으로 안아다가 베개를 베어주고 이불을 덮어 다독였습니다. 어른이 퇴근해 오셨습니다. 자고 있는 막내를 보면서 어디 아프냐고 걱정을 하셨습니다. 지난번 맏이가 출산했을 때 기어이 거길 따라가겠다며 역까지 쫓아오는 바람에 집에 데려다놓느라고 기차를 놓치지 않았느냐, 그때 매를 안 대고 으름장만 놔서 그런지 또 고집을 부려서 이러저러 했노라고, 회초리 맛이 처음이라 많이 놀랐을 거라고 부인이 말했습니다.

그제야 처음 나를 보며 두 분이 주고받던 눈빛의 의미를 알게 되었습니다. 바구니랑 칼은 해거름에도 그 자리에 그냥 있어서 복숙이가 가지고 왔다네요. '이바구미'라고 부르는 그 대바구니는 실한 엉덩이처럼 생겨서 막내가 그 속에 들앉아서 놀기도 했던 모양입니다.

"그래, 정말 때렸단 말이오?"

막내가 가늘게 앓는 소리를 냈습니다. 살그머니 이불을 들치고 종아리를 본 아버지가 혀를 차면서 안티푸라민을 발라주었습니다.

"그렇다고 애를 이래 놔. 당신도 참."

막내가 잠이 깨어있었다는 사실은 나 밖에 모르는 걸까요? 아무려나 막내는 아버지에게 실컷 어리광을 하다가 다시 잠이 들었습니다. 그 후로 나는 장롱 아래로 내려가 본 적이 없습니다.

세월이 흘러 막내가 연년생 사내 아이 둘의 엄마가 되었습니다. 첫 아이가 네 살 무렵 친정에 오더니 나를 자기 집 장롱 위로 옮겨다 놓았습니다. 둘을 키우는 동안 막내는 저기 회초리가 있다고, 자꾸 그러면 '매매' 할 거라고 엄포만 놓았지 실제로 나를 꺼내 들지는 않았습니다. 아이들 훈육하는 모습이 친정엄마 그대로였습니다. 가정교육은 대물림한다지요. 애들 아버지는 나를 입에 올린 적도 없고요. 나는 날마다 공일이어서 먼지를 쓰고 있었지만 마음은 편했습니다.

한동안 텔레비전에서 회초리 이야기가 자주 나왔습니다. '사랑의 매'에 대한 찬반론으로 시끄러웠습니다. 그런 논쟁은 회초리가 폭력화되는 경우에서 비롯된 것 같았습니다. 사실이라면 그 회초리는 분명 스스로 허리를 꺾지 못하는 운명을 한탄했을 겁니다. 그런 시비들은 부모와 자녀, 스승과 제자 나아가 사람과 사람이 서로 믿지 못하기 때문 아닐까요? 세상에 만연하고 있는 사랑결핍증이 더 근본적인 이유일 것 같습니다.

지금은 이 댁 아들들도 다 아버지가 되었지만 훈육을 위하여 회초리를 들지는 않습니다. 대화가 먼저지요. 나는 잊힌 지 오래입니다. 언젠가 나는 쓰레기가 되고 '사랑의 매'는 전설이 될지도 모릅니다.

탯자리에서 철 따라 꽃을 피워서 벌 나비를 먹이는 것이 꿈이었습니다만 운명이 바뀌어 회초리가 된 지도 60여 년, 늙은

이는 추억으로 산다더니 단 한 번이지만 그 옛날 '사랑의 매'였던 때가 그립습니다. 내가 어엿한 훈육의 도구였으니까요.

요즘은 체벌금지가 대세인 것 같습니다. 이제 내 꿈은 나 없이도 아이들이 잘 자라서 더 좋은 세상을 만들어 가는 것입니다.

매에매

아들이 송편 반죽을 하고 있다. 눈도 정신도 플레이오프 야구중계가 한창인 TV에 꽂혀있고 손은 건성 쌀가루를 주무르고 있다.

"매에매 치대라. 그래야 송편이 쫄깃쫄깃 해. 터지지도 않고."

아들의 엉덩이가 번쩍 올라가고 어깨에 힘이 들어간다. 놀랍다. 내가 돌아가신 친정엄마 그대로다. 목소리도 말투도 아마 눈빛도 그럴 것이다.

유년 시절의 명절 준비는 놋그릇을 닦는 것으로 시작되었다. 음력 팔월에 접어들면 팔뚝이 굵은 서생댁은 그늘에 가마니를 깔고 물을 축인 볏짚에 재를 묻혀서 종일 놋그릇을 닦았다.

"매에매 닦으래이. 옳지, 얼굴이 훤히 비치도록 매에 닦아야 된데이."

"야아, 염려 마이소."

서생댁은 닦던 재기를 들어 자기 얼굴을 비춰보고 만족한 듯 옆으로 놓았다.

해가 이울 무렵이면 샘물로 헹궈서 마른행주질을 한 놋그릇들이 평상에 하나 가득 올라앉아서 볕을 받았다. 그 눈부신 광택 속으로 얼굴을 들이밀면 따뜻해진 놋그릇의 체온이 느껴지고 턱없이 길쭉하거나 옆으로 넙데데한 내 얼굴이 요술처럼 여러 개 보이는 것이었다.

오늘도 그때처럼 큰 솥에서 식혜가 끓고 있다.

"매에 달이라. 그래야 깊은 맛이 난데이."

엄마 목소리다.

매에매. 정성들여, 주의해서, 야무지게라는 고향 말을 내 안에 살아계신 엄마에게서 듣는다.

사는 게 늘 그 모양이다

누구에게 무엇이 되어주랴.

세상에 귀를 기울이면 결핍을 호소하는 외침이 도처에서 들린다. 계산 없이 선뜻 나서기도 하지만 이리 재고 저리 핑계를 대며 외면하는 경우도 드물지 않다. 누군가에게 무엇이 되어줄 기회를 외면하고 나면 막연하게 무형의 빚을 진 것만 같다. 여태 내가 진 빚을 헤아릴 수나 있을까. 인생은 어차피 빚을 지는 거라며 뻔뻔해지기에는 먹은 나이가 무겁다.

천사 같은 사람도 드물지 않다. 아이들이 젖먹이일 때 공업도시에 있는 회사 사택에 살았다. 같은 모양의 단독주택에 텃밭과 화단이 딸린 데다 담장이 없어 현관을 나서면 트인 공간이었다.

아이들이 '뒷집 엄마'라고 불렀던 그녀도 나에게는 천사였다.

나보다 열 살쯤 위인 그녀는 연년생 사내아이를 키우는 나를 안쓰러워 하셨다. 날마다 둘 중 하나를 번쩍 안고 가서 몇 시간씩 보아주셨다. 사내아이는 아래가 차야 한다며 아랫도리를 홀랑 벗겨서 찬물에 슬쩍슬쩍 담그기도 하고 잼잼도, 걸음마도 가르치셨다. 젖은 기저귀는 삶아 헹구어 뽀송하니 개키고 아이는 목욕을 시켜 알밤처럼 다듬어서 안고 오셨다.

김치 볶음밥을 프라이팬 채로 들고 와서 뜨거워야 맛나다며 숟가락을 쥐어주시던 그 정겨운 눈빛은 등대처럼 내 안에 켜져 있다. 그러다 이사를 가고 소식이 끊어져 은혜 갚을 길이 막막하였다. 생각날 때마다 '복 받으시라' '본받으리라' 했다. 그녀는 할 수 있으니까, 아이들이 예뻐서, 좋아서 하는 일이라면서 대수롭지 않게 여기는 것 같았다. 사람이 꽃보다 아름답다는 말을 실감하면서 감동하곤 했다.

뉴질랜드에서였다. 오클랜드 서쪽 힐러리 코스 중 하나를 찾아가는 중이었다. 힐러리경은 1953년 세계 최고봉 에베레스트산을 인류 최초로 오른 등산가이자 탐험가로 그 나라 국민은 물론 세계 산악인들의 존경을 받고 있다. 청정자연 곳곳에 그가 개척한 트레킹코스들이 있고 입구 안내판에는 그의 초상이 있다.

차가 시골로 접어들었다. 아담한 해안을 끼고 좁은 다리를 건너는 순간 차의 모든 계기판에 빨간 불이 켜지면서 덜컥 서 버린다. 차를 빌린 데서 고장수리도 책임지기로 한 중고 승용차다. 핸드폰을 열었더니 통화불능 지역이라는 사인이 나온다. 인가도 보이지 않으니 귀가 먹어버렸거나 눈이 멀어버린 것처럼 천지가 아득하다. 전화 한 통이면 보험사 도우미가 즉시 달려오는 일은 우리나라에서나 가능하다.

배터리? 그래, 배터리. 남편이 일행의 차에 점프선을 연결해 충전을 했다. 시큰둥한 소리를 내긴 해도 아무튼 시동이 걸린다. 한숨을 내쉬며 다시 출발해서 50m쯤 오르막 커브를 돌자마자 보닛에 연기가 오르고 타는 냄새가 심하게 나면서 계기판이 다시 충혈 되었다. 마침 반대편에 집이 있고 펜스 앞에 공간이 좀 있었다. 눈앞의 외딴집이 신기루 같았다. 그리로 차를 세웠다. 불과 30여초 사이의 일이었다.

너나없이 차에서 달아났다. 뒤도 안 보고 전속력으로. 저만치서 돌아보니 연기 속에 차가 일그러져 보였다. 뻥 터지거나 불이 나지 않은 것만도 다행이었다. 땡볕에 일행의 얼굴들이 하얗게 굳었다. 뭘 어떻게 해야 할지 엄두가 나지 않는다. 저 집에 누가 없을까, 그 생각밖에 없다. 멋진 요트가 있는 잔디 마당에 거위가 우릴 보고 꽥꽥거리고 오리와 닭들이 뒤뚱거릴 뿐 인기척은 없다. 인기척이 곧 구조의 신호일 것 같지만 조용하다. 멀거니 집만 바라보았다. 간절했다.

바로 그때 2층 데크에 금빛 털북숭이 건장한 키위 남자가 나타났다. '키위'는 뉴질랜드 백인에 대한 애칭이다. 상황을 짐작한 그가 익숙한 몸짓으로 보닛을 연다. 라디에이터에 냉각수가 모자라 온도가 높아지는 바람에 파이프가 터졌다고 한다. 그가 큰 물통을 들고 와서 라디에이터에 붓자 쉬익 소리를 지르며 연기가 솟구친다. 증기기관차 굴뚝같다. 햇빛에 연백(鉛白)의 입자들이 흩어져간다.

남편이 그를 거들고 우리는 지켜 볼 뿐이다. 그는 자동차나 배의 내과의사 같았다. 자기네 창고를 뒤져 쇠파이프를 찾아내더니 길이를 맞춰 쇠톱으로 자른다. 힘들고 오래 걸린다. 고무파이프의 터진 부분을 잘라내고 쇠파이프를 연결하여 양쪽을 철사로 고정한다. 작업이 끝났다. 땀으로 범벅된 그가 웃으며 말한다.

"2년은 끄떡없을 거요."

"당신은 천사입니다. 고맙습니다."

진정어린 내 고백이었다.

와인 한 병과 작은 선물을 그에게 전해달라고 지인에게 신신부탁을 하고 떠나왔다. 그러고 보니 위기에서 안전한 곳에 차를 멈춘 남편에게 아무 말도 못했다. 반대편은 해안 낭떠러지였잖은가. 가장 가까이 있는 천사는 그러려니 하고 만다. 사는 게 늘 그 모양이다.

김장 무렵

어제 새벽 5시에 떠났다가 지금 새벽 2시니까 21시간 만에 집에 돌아왔다. 번갈아 운전을 해야 해서 커피를 마셨더니 몸은 곤죽 같은데 잠은 안 온다.

꼽아보니 일곱 집에 배추를 나누어 주었다. 남편이 운전하는 동안 이런 사연으로 배추를 싣고 간다는 똑같은 통화를 열 번 넘게 반복하면서 원하는 집은 동호수를 메모했다. "도착했어요. 내려오실 수 있어요?" 해서 몇 집은 1층에서, 연로하신 댁은 집까지 올려다 드리고 출타중인 집은 현관 밖에 두었다. 쌈 싸먹으려고 나도 한 포기 들여놨다.

그러느라 새벽 2시. 7시 기차로 학교에 갈 거니까 기차에서 자야지 벼른다. 목이 잠긴다. 그녀 얼굴이, 눈물이, 흰 웃음이 또렷하다. 이런 날도 있구나 싶다.

며칠 전 텔레비전 뉴스는 트랙터가 배추밭을 갈아엎는 광경을 보여주면서 한 농부를 인터뷰하고 있었다.

"씨앗 값도 못 건져요. 수확 한다고 손대면 인건비도 안 나와요."

햇볕이 검게 쌓인 촌로의 표정에 속울음이 배어있었다. 뉴스는 수급조절을 제대로 못한 정부를 탓한 다음 배추가 금값이었던 작년만 생각하고 무작정 재배면적을 늘인 농민들을 나무라더니 날씨 덕분에 작황이 좋은 탓도 있다고 분석하였다. 산지에서는 저렇다는데 시장에서는 만만찮은 값을 주어야 하니 돈은 다 어디로 간다는 말인지, 잠깐 딱했을 뿐 더 크고 심각한 뉴스들이 이어졌다. 그리고 잊어버렸다.

어제 강원도 오지로 여행을 갔다. 가을을 만끽하고 돌아오는 길에 공소가 보여서 들러보았다. 젊은 자매님이 차 대접을 하면서 혹시 배추 안 필요하냐고 묻는다.

"김장요? 한 달쯤 있다 할 거예요."

"세실리아씨네 배추밭을 내일 갈아버린대요. 여기까지 오셨는데 가지고 가시면 좋죠. 너무 아까워서요."

듣고 보니 마음이 아파서 이웃에 나누어주리라, 맘먹고 따라나섰다. 고랭지 비탈에 겉잎이 짙푸른 배추들이 한 아름씩 제 속을 꼭 껴안고 끝도 없이 줄 서 있었다. 이 피땀이 허망으로 끝난다니 기가 막혔다. 세실리아씨 얼굴이 말이 아니었다. 울컥해서 와락 껴안아주고 싶었다. 나에게서 나는 도시 티가 민망해서 더욱 공손하게 인사를 했다.

"얼마든지 가지고 가세요. 내일이면 다 거름 될 건데요 뭐."

차마 손을 못 대고 쭈뼛거리는 나를 대신해서 그녀가 이리저리 보고 좋은 것만 골라서 뽑는다. 낫으로 배추 뿌리를 쓱 자르고 겉잎을 떼고 다듬어서 차에 실어준다. 그중 한포기를 거꾸로 세워 뿌리 한 가운데로 칼날을 넣는다. 배추가 쩌억 돌쩌귀 소리를 내며 쪼개진다. 아, 그 환한 두 얼굴! 그녀가 바친 열심이 고스란히 거기 희고도 노랗게 영글어 있었다.

이만 됐다고, 충분하다고 해도 기어이 트렁크를 채운다. 무도 쑥쑥 뽑는다. 젊은이 장딴지처럼 실한 무를 시퍼런 무청 째로 배추 옆에 눕힌다. 이제 정말 더 실을 데도 없다고 그만 주시라고 말렸다.

"절여서 팔면 어때요?"

"그러려면 시설도 해야 하고 일손도 써야하고 또 빚을 져야 하는데 우리 규모로는 손해만 나요."

남편이 그녀에게 얼마간 돈을 쥐어 주면서 인사를 했다.

"고맙습니다. 잘 먹겠습니다. 배추는 그냥 얻어가는 거고 이건 우리가 드리는 사랑입니다. 힘내세요."

순간 그녀의 눈에서 눈물이 주르륵 뚝뚝 땅에 떨어졌다. 가두었던 눈물샘이 터진 것 같았다.

"아녜요. 안 이러셔도 돼요. 정말이에요. 버리는 거 드리는 건데요."

그녀가 열린 차창 안으로 돈을 던져 주었다. 얼른 주워서 창밖으로 내던지고 창을 올렸다. 눈물을 흘리며 그녀가 웃어보였다. 웃음이 하얘 보였다. 고통을 극기로 우려내면 저리 하얗지 싶었다. 그녀가 차를 따라오며 손을 흔들었다. 나도 창밖으로 손을 흔들었다. 내 손에는 그녀에게 주고 싶은 희망이 한 가득이었다. 그녀 등 뒤에 일찌감치 겨울이 버티고 있었다.

활화산을 오르다

숙소에서 셔틀 버스를 탄다. 우람한 털보기사가 사람 좋은 웃음으로 맞이하더니 시간이 되자 일장 연설을 한다. 거인국의 아침조회 같다. 유머와 윙크까지 곁들여 안전을 강조하고 즐기라는 말로 끝을 맺는다. 조난을 대비하기 위해 파일에다 신상을 기록하라는 부탁이다. 조난! 안전제일. 동양인은 우리 부부뿐인데다 나이도 적잖다.

도전은 짜릿한 모험이지만 두려움이 따르기 마련이다. 한참 달려서 산중턱 출발지점에 도착한다. 뉴질랜드 국립공원 1호 통가리로(Tongariro) 국립공원의 트레킹코스 중 알파인 코스다. 안내판에는 해발 1,967m 정상을 넘어 해발 700m지점에 있는 카테타히 주차장까지 내려가는 개념도가 있다. 총거리 20㎞. 대략 8시간 이상이 걸린다고 한다. 텔레비전의 여행프로그램에도 소개되었고 영화 '반지의 제왕' 배경이 되기도 한 활화산이다.

하늘은 높푸르고 땅에는 돌과 바위뿐 그늘 한 자락 없다. 배낭은 자기가 멜 테니 잘 걷기만 하라는 그의 당부다. 그러마, 대답은 하지만 당연히 번갈아 멜 생각이다. 정상을 바라보며 좁고 완만한 돌길을 걷는다. 몸은 무의식적으로 움직이고 마음은 의식적으로 움직인다. 자유롭다. 가볍다. 배낭들이 줄지어 움직인다. 앞서 가는 사람이 있어 길을 파악할 수 있고 뒤에 오는 사람이 있어 든든하다. 군중 속의 고독, 그 호사를 누린다.

꽃이 바람을 견디고 있다. 바늘 같은 줄기에 쌀알만 한 꽃잎 5장을 펼친 아주 조그맣고 흰 얼굴이지만 강인해 보인다. 거무스름한 화산석에 자개가 박힌 것 같다. 환경에 최적화된 모습이다. 오름이 가파르고 좁아 길가에 몸을 사리고 바나나 한 개를 먹는다.

넓은 평지도 있고 우기에는 호수가 되지만 지금은 유황색 건호(乾湖)인 분화구도 있다. 삶은 계란의 노란 자위로 미장을 한 것처럼 부드럽고 평평하다. 아무도 발자국을 내지 않는다. 호수 물빛은 노랑일까, 파랑일까. 껴입은 바지를 벗어 배낭에 넣고 윈드재킷을 허리에 동여맨다. 걷기는 리듬의 반복이다. 생략 없는 고지식한 몸의 이동이다. 산은 크고 나는 작다.

가슴이 터질 지경이다. 후들거리는 다리를 끌고 가풀막을 오르자 만만한 능선이다. 시야가 사방으로 탁 트인다. 다른 행성으로 순간이동을 한 것 같다. 엄청난 엔진 소리를 내며 불덩이 용암을 토해냈던 거대한 레드크레이터(Red Crater)가 마른입을 벌리고 있다. 검고 붉고 완강하고 빛나지 않으며 매우 거친 질감의 저 레드, 귀기(鬼氣)의 전율이 휩쓴다. 폭발의 순간 사람이 얼마나 무력하고 처참한지 봄베이가 말하고 있지 않은가. 순백의 화산연기가 하늘로 너울거린다. 마그마는 이 산의 모든 생명과 그 생명이 누리는 전부를 뱀처럼 휘감아 매몰시킬 힘을 내 발 밑에서 응축하고 있는 것이다.

창공에 흰 구름이 한가롭다. 하늘에 새가 보이지 않고 땅에서는 미물조차 만날 수가 없다. 폐허의 화산재 가운데 초록으로 빛나는 세 개의 에메랄드 호수가 이채롭다. 결 고운 물의 반짝임이 불의 재앙을 달래는 위로처럼 보인다. 산은 광대한 아랫도리를 드러내고 있다. 누드의 관능이라고나 할까. 노을에 홍건하게 잠긴 관능은 얼마나 농염할 것인가.

비와 돌풍과 짙은 안개로 제 발등밖에 보지 못했다던 친구에게 전화를 건다. 통화불능 지역이란다. 정상을 향하여 치올라간다. 정상은 꼭짓점 같아서 곧바로 내리막이다. 매우 가파른 데다 푸석한 화산재라 사정없이 미끄러진다. 자칫하면 곤두박질치겠다.

초 집중. 백인 청년이 내 발 놓을 자리를 다져주고 발 옮기는 요령도 가르쳐준다. 어지간히 딱했나 보다. 눈동자만 흔들려도 중심을 잃을 것 같다. 저런! 저 아래에서 나를 찍는 사람, 그는 여직 날 가지고 놀기를 좋아한다.

또 하나의 호수, 블루레이크다. 하늘을 호수에 풀어놓은 것 같다. 블루레이크 너머로 멀리 타우포레이크가 보인다. 오늘 밤은 거기 호숫가에서 지낼 작정이다. 민둥산을 지그재그로 내려간다. 지쳐 주저앉고 싶을 즈음 카테타히 쉼터가 있다. 오래 쉬면 못 일어 날 것 같아 벌떡 일어선다. 산에는 화장실 외에는 어떤 시설물도 없다. 정상 표지조차 없다. 자연을 자연이게 보호하는 이 나라의 신념일 것이다.

낮은 관목이 울창한 숲으로 이어진다. 화산 폭발 이전의 모습일 것 같기도 하다. 짙은 그늘 사이로 햇빛이 반짝이며 흔들린다. 화산재가 섞여 계곡물이 잿빛이다. 새도 물도 바람도 저마다 소리를 낸다. 수런수런. 숲이 살아있음이다. 숲을 빠져나오는데 두 시간 넘게 걸렸다.

셔틀버스에 오르면서 트레킹의 마침표를 찍는다. 고동치던 심장이 깊은 숨을 토한다. 뿌듯한 얼굴로 주차장에 퍼질러 앉은 트레커들을 햇빛이 쓰다듬고 있다. 기사가 엄지를 세우며 박수를 친다. 7시간 15분 완주. 기분 좋은 피로가 몰려온다. 그가 좌석에 앉으면서 배낭을 무릎에 놓는다. 그래, 배낭이 있었지. 미안해서 슬며시 손을 잡는다.

사막을 건너는 법

혼자이고 싶다. 외출하거나 누굴 만나거나 전화를 걸기도 싫다. 우울 가운데 이 모멸감과 단절감을 씹으며 야위고 싶다. 시장기가 들고 잠이 온다. 몸이 주는 그런 신호는 다소 어색하고 주책없게 느껴지지만 한편으로 나도 사람이라는 사실을 일깨워 준다. 줄곧 머리를 채우고 있는 그 생각에서 벗어나고 싶다. 몸을 괴롭힌다. 커튼이며 이불커버도 빨고 창문을 닦아도 일이 끝나면 울분이 살아난다. 같은 상황을 수없이 겪었음에도 항체는 생기지 않고 충격은 처음처럼 날카롭다.

충격의 순간 4차원의 세계로 진입한다. 사막의 저쪽에 그가 있고 나는 이쪽에 있다. 그의 움직임을 기대하지 않는다. 기대는 더한 고통이기 때문이다. 이번만큼은 내가 먼저 사막을 건너지 않으리라. 절대로. 나의 시위가 완강할수록 그가 잘못을 인정하고 반성하기를, 윽! 꽥! 고약한 성정을 못 뽑듯이 뽑아버리기를 염원한다. 그렇게만 한다면 우리 모습은 지금보다 백배 더 평화로울 것이다. 기다리다 못해 포기하고 싶었던 희망, 여태 이루어지지 않는 희망임에도 버텨보리라, 흔들리지 않으리라.

이와 비슷한 상황을 겪어보지 않은 부부가 몇이나 될까. 부부관계뿐이랴. 거미줄 같은 인연을 맺고 살면서 너와 나 사이에 더러 사막이 생기는 것은 자연스러운 이치다. 부부는 끝까지 살아내야 한다는 사명감으로 더욱 괴롭고, 다른 경우에도 가치관이나 인격 혹은 성격에 부딪쳐 오래 마음을 앓는다. 초연하자고 잊어버리자고 해도 뜻대로 되지 않는다.

아무도 건너지 않는다면 애초에 사막은 생겨나지 않았을지도 모른다. 오스트리아의 탐험가 브르노 바우만은 그의 저서 『타클라마칸』에서 목숨 걸고 사막을 건너는 모험을 말하고 있다. 발이 푹푹 빠지는 모래언덕을 숨 가쁘게 오르고 검은 모래폭풍을 두려워하며 그래도 걷는다.

걸어야 돌아갈 수 있다. 끝나지 않을 것 같은 노정의 고난과 죽음에 대한 두려움이 생생하게 다가온다. 생명이라곤 존재하지 않는 사막에서 임종처럼 목이 마르다. 오로지 물을 찾기 위하여 정들었던 낙타마저 버려두고 다시 걷는다. 그 상황에서 물은 생명과 동의어다. 모든 노력은 살기 위한 것이다.

사막을 건너기 위해 마음을 다스린다. 출발할 명분을 찾아내고 그것을 스스로 이해하려 안간힘을 쓴다. 대놓고 잘잘못을 따지려 든다면 사막은 더욱 넓어질 뿐이다. 그는 사과 한마디로 마침표를 찍는 일 따위는 하지 않는다. 꼭 말로 해야 아느냐? 내 나름의 해석이지만 그의 침묵의 언어는 매양 한가지다. 오래 버티지 못하는 내가 다행스럽기도 하고 바보스럽기도 하다. 필경 시나브로 제풀에 꺾이고 말 내가 아닌가.

나는 그에게로 가서 닿아야 한다. 내 발목을 잡는 것들은 다 버리면서 간다. 숨을 막히게 하는 아픔과 '네 탓'으로 치닫는 생각을 진땀 흘리며 떨쳐낸다. 나는 헐거워지고 가벼워진다. 자존심마저 놓아버리면 알 수 없는 힘이 난다. 나를 회복하려면 나를 놓아버려야 한다. 그 가벼움의 힘으로 걷고 또 걷는다.

목이 마를 때마다 로맨스와 추억과 고마움을 떠올리면서 기갈을 앓더라도 기어이 물을 찾아내야 한다. 물은 반드시 내 안에 있다. 포기하지 않으면 결코 마르지 않는 사랑의 샘을 하느님께서 주셨음을 믿으면 사막을 건널 수 있다.

걷다보면 나와 나를 둘러싼 사물들을 이어주는 조화가 참으로 신비하고 위대하게 느껴진다. 현자들은 자아를 찾으려 사막에 간다고 하지만 나 같은 속인은 단지 마음을 비우려는 것이다. 그와 나의 인연이 서로의 부족함을 채워 하나가 되라는 소명임을 새삼 깨닫는다.

바로 그때 아, 저기 오아시스! 붙박이로 있을 줄 알았던 그가 먼저 와서 나를 기다리고 있다. 눈앞이 환해지고 다리에 힘이 솟는다. 노정은 끝났다. 자석에 끌리듯 우리는 다시 어울린다. 사랑은 그렇게 성장하는 것일 터이다.

타클라마칸은 지구상 가장 넓은 사막이라지만 사람과 사람 사이의 사막은 참으로 넓고도 좁다. 사막을 건너는 법은 결코 익숙해지지 않는다. 그때마다 모험이고 고통이다. 모험은 라틴말로 아드베니레(Advenire) '다다름'이라고 한다. 우리가 서로에게 오아시스가 되어준다면 어젠가는 그 무언가에 다다를 수 있지 않을까.

사진을 태우며

사진들 다 어떡하지? 가끔 중얼거리기만 하다가 그가 사진을 USB에 저장하기 시작했다. 틈틈이 하느라 몇 달이 걸렸다. 사과상자 세 개 가득인 사진을 태우는 건 날더러 하란다.

옥상에서 화로에 불을 피웠다. 한 장 한 장 기억을 반추하며 불 속에 던질 때마다 허무가 일렁거렸다. 불길이 지난 순간들, 웃음과 관계, 기념과 기록을 먹어치운다. 불 속에서 일그러지는 얼굴을 볼 수가 없었다. 처참한 슬픔이었다. 화로를 덮고 말았다. 꿈자리가 뒤숭숭했다.

친가에서 카톡으로 동영상이 왔다. 조부모님과 부모님 그리고 형제들의 결혼사진까지 100여년 4대의 가족사를 망라한 기록이다. 배경음악으로 깔린 우리 가곡 '부모님 은혜'에 울컥한다. 어머니 장례식날 밤 우리 형제는 물론 친척들이 모두 어머니 방에 둘러앉아 합창을 하며 눈물바다를 이룬 후로 그 노래를 부른 기억이 없다. 망원경을 보는 것처럼 소실점 밖의 기억들이 불쑥 앞으로 나선다.

까맣고 동그란 뿔테 안경 너머로 용모가 준수하신 할아버지가 계시고 미소를 머금은 할머니는 아담하고 예쁘장하시다. 흑백 초상이다. 할아버지는 기일과 차례 때 영정으로만 뵈었어도 내 이름에 얽힌 일화가 있어 사랑받았다고 믿어지고 감사한 마음이 든다.

내가 태어날 때 노환으로 거동을 못하시던 할아버지께서는 할머니께서 통도사 주지스님께 받아오신 내 이름 연꽃 연(蓮) 순할 순(順) 중에 '순'을 못마땅해 하시더란다. 할머니께서 다시 원행을 하시어 스님께 여쭈었지만 이 이름 이상 없다는 말씀이셨다. 그렇다면 반드시 연순아! 부르라고 하셨단다. 손녀가 부엌 도우미처럼 '순아!'로 불리는 것을 경계하신 것이다.

1928. 6. 23 鄭○○ 金○ 결혼기념. 글자가 선명한 부모님 결혼사진이다. 화병에 활짝 핀 무궁화를 꽂아 놓은 것이 이채롭다. 아버지는 귀공자 타입 빼어난 미남이시고 어머니는 카리스마가 풍기는 미인이시다. 다음으로 가족사진과 집안 대소사 그리고 부모님의 사회생활과 여행풍경이 시간의 순서대로 나온다.

오사카 나라공원에서 사각모 교복차림으로 사슴을 데리고 미소 짓던 청년이 직장인이 되었다. '단기42??년 4월 1일 금강산 유람' 비로봉 앞의 남자들은 양복에 넥타이, 중절모에 구두와 단장 차림이다. 요즘에 그러고 산에 가면 아웃도어 차림으로 연주회에 가는 만큼이나 우스울 것이다.

아버지는 양복저고리를 벗고 조끼만 입으셨는데 와이셔츠 소매의 팔꿈치와 어깨 사이에 고무 밴드를 하셨다. 이 밴드가 다른 사진에서는 집게로 바뀌었다. 해금강 사진은 물에 비친 기암의 그림자까지 잡혀서 절경의 운치가 더하고 박연폭포를 배경으로 너럭바위에 앉아 먼 풍경을 바라보는 꽤 세련된 포즈도 있다.

어느 날 어머니가 슬쩍 꼬집으셨다.

"옛날에 네 아버지가 금강산 유람 선물이라고 요만한 돌멩이를 하나 주는 거라. 너 태어나기 훨씬 전이지. 깜빡했다가 급하니까 집 앞에서 주운 거야."

"허허. 이 사람 보게. 금강산 돌이라고 뭐 특별한가."

두 분은 어제 일처럼 옥신각신. 예나 지금이나 사랑싸움은 공연히 한 번 해보는 어깃장 아닌가. 어떻게 결말이 났는지는 기억에 없지만 필경 무승부였을 것이고 돌멩이는 두고두고 녹여먹는 호박엿이었을 것이다.

기념사진들은 전후좌우 줄을 맞추고 다들 굳은 표정으로 카메라를 보고 있다. 연월일과 '○○책임자재교육수료기념' '학부형회의' 등 대부분 메모가 있다. 사진의 목적은 사실의 기록이었던 것이다. 여행 사진은 풍경이 더하여 조금은 자유롭고 부드럽다. 그래도 치아를 드러내고 웃는 모습은 보이지 않는다.

사진사가 카메라를 받침대에 올려놓고 검정보자기 안으로 머리를 들이밀어 거꾸로 보이는 피사체를 보며 "자! 찍습니다. 하나 두울 셋." 번쩍! 사진 밖의 그런 움직임도 선하다. '김치!' 그렇게 긴장을 풀어주는 재치는 없었던 듯하다.

1960년 즈음에야 스냅사진이 보인다. 춤을 추는 어머니를 순간 포착한 사진에 생동감이 넘친다. 주인공은 카메라를 의식하지 못한 듯 마냥 자연스럽다. 마침내 해방구에 들어 선 것 같다. 춤사위가 멋들어지다. 술 담배는 전연 못하시지만 노래와 춤은 뛰어나셔서 친구 분들이 성화를 대면 못이긴 척 흥을 내셨다. 어머니가 부르는 노들강변 가락이 들리고 코티분 내가 느껴진다.

개인적이고 사소하지만 정직한 기록이다. 시대와 문화와 인생이 담겨있다. '지금' '여기' 한순간의 기록들에 나는 감동하고 감사하고 또한 즐거웠다. 사진의 사실성과 진실성에 매료되어 시간가는 줄을 몰랐다.

내 모습이 그 전만 못하다고 카메라를 피할 일만은 아닌 듯하다. 남는 건 사진밖에 없다는 말이 의미 있게 다가온다. 혈연은 끊임없이 확장과 대물림을 이어가고 현재의 나를 있게 하였다. 나에게 혈연의 필연성이 각인되어 있음이 신비스럽고 경이

롭다.

사진 속 인물들이 아무리 각별하다해도 믿을 수 없는 사진이라면 느낌은 사뭇 다르지 않을까. 디지털기술은 사진의 혁명을 이루었지만 덕분에 가공된 사진이 넘쳐나고 그에 관련하여 속고 속이는 일들이 예사롭게 일어나고 있다.

최근에 여권사진을 찍었더니 살짝 보정을 한다. 여권사진이라 약간 손질하는 것이고 20대든 30대든 손님이 원하는 대로 보정해 줄 수 있다고 사진사는 가볍게 말했다. 사진의 의미가 가벼워지는 것 같았다.

한동안 밀쳐두었던 사진 상자를 꺼내고 불을 피웠다. 분명 쓰레기는 아니고 삶의 어느 순간들을 태워야 하는 것이다. 사진을 보지 않았다. 사진의 뒷면은 흰 종이에 불과했다. 희고 무표정하고 매끈한 질감에 감정이 스밀 틈이 없어 수월했다. 이러나 저러나 재가 되었다.

이제는 재가 되지 않을, 아니 언젠가는 버려지거나 잊히게 될 USB를 돌려보면서 문득 손자들 생각이 났다.

'저 사진 진짜야?'

'그래, 얘들아 100% 진짜란다.'

누가 대답해줄는지……. 속절없다.

고향이 버스를 타고 오다

마중 나온 친구들이 불끈불끈 나를 부둥켜안는다.

"온다꼬 욕 봤제."

그 한마디에 풍덩 고향에 빠져버린다. 나에게서 물 만난 미꾸라지처럼 사투리가 마구 튀어나온다. 역시 고향의 맛은 말맛이 먼저다. 버스 안은 열기로 가득하고 반기는 얼굴마다 눈웃음이 흥건하다. 친구들은 세 시간을 달려 천안까지 올라왔다. 서울친구들을 배려한 일정이다.

봄날 삘기를 뽑아오던 머슴아도, 가을이면 벼 이삭줄기에 메뚜기를 수북이 꿰어 들고 오던 가시내도, 굵은 참 칡을 슬쩍 건네주던 개구쟁이도 웃고 있다. 코피가 날 때마다 이마를 물손으로 척척 두드려 주고 앞니로 밤 껍질을 까고 손톱으로 보늬를 벗겨서 '아나 묵어라'며 내밀던, 언제나 새이* 같던 친구도

왔다. 일일이 이름을 부르며 손을 잡고 손등을 쓰다듬는다.

"늙지도 않는다 카이! 에나, 더 젊어졌다!"

그럴 리가. 그래도 고맙다.

같은 묘판에서 여섯 해를 자랐다. 어깨를 나란히 시골길을 걷고 또 걸으며 가슴을 맞대고 이야기를 엮으며 컸다. 소풍, 학예회, 운동회, 쥐잡기, 퇴비 모으기, 모내기, 교실청소, 푸새 변소의 얄궂은 그림과 낙서, 수학여행, 고무줄놀이, 땅따먹기, 살구받기*, 말타기, 씨차기, 무궁화꽃이 피었습니다, 뿐인가. 아이스 케~키! 머슴아가 훅 가시내 치마를 들치며 외치는 순간의 짜릿함과 부끄러움의 스파크. 우리들은 맑은 햇빛과 바람과 물을 양껏 누리며 날마다 떠들썩 상기되어 쑥쑥 자랐다.

'빛나는 졸업장'을 받은 후 60여 년 각기 삶의 여정을 걸어오면서 한 해 한 번 오늘 같은 모임을 가져왔다. 차가 목적지로 출발하자 사회자의 명에 따라 서울 친구들이 노래를 바친다. 풍악이 울리자 신명보가 터진다. 막춤의 끝판, 차가 출렁거린다. 엄두가 나지 않아 주춤거리는 나를 퍼뜩! 아, 퍼뜩! 정신을 못차리게 다잡는다.

만국기가 펄럭이고 청백 응원이 절정인 그때로 타임머신을 탄다. 흥이 오른다. 흥은 단순하다. 아무려나 그냥이다. 서리 내린 머리로 주름진 얼굴로 거칠고 어리게 어리광마저 더하면서 아이들이 된다. 맞장구에 추임새도 척척 장단을 맞추는 토박

이말들이 내 안에 별이 되고 꽃이 된다. 나를 덮고 있던 각질이 훌훌 떨어져 나가는 것 같다.

6년 동안 봄 가을 열두 번의 소풍은 내원사 아니면 철길 건너 동산 둘 중 하나. 점심 보따리도 김밥에 삶은 계란, 유리병에 든 사이다가 고작이었다. 작고 선명한 그림자가 떼로 걸어가는 신작로에서 돌멩이는 자갈자갈, 황소는 퍽! 김이 오르는 똥을 내지르고도 모르쇠로 멀뚱멀뚱, 긴 속눈썹이 예뻤다. 웃고 떠드느라 십 리 길도 잠시, 산문 밖에서 도시락을 까먹고 절 마당의 돌확에서 감로수를 마시고 노래자랑에 닭싸움 몇 판이면 해가 기울었다.

그때처럼 볕 바른 산자락에 둘러앉는다.

"이거 묵어 바라. 두투*라꼬, 니는 다 잊어뿌릿을 끼다. 쑥굴레도 맛있기 됐다. 밤을 꼴딱 샜다 아이가."

권커니 잣거니 질펀하게 정이 오가고 소식도 따라 돈다. 학교 뒤로 큰 길이 나고 인근에 온천이 개발되자 도시 사람들이 몰려들고 그렇게 멀던 산사는 '차로 5분이면 땡!'이란다. 논도 밭도 과수원도 다 뭉개고 아파트단지가 들어서자 신설 초등학교로 학생이 몰리는 바람에 모교가 위기에 처했단다. 그래서 낡은 시설을 보수하고 새 단장을 하기 위해 1만 졸업생들이 1만 원씩 희사하는 '만만세 운동'을 시작했단다. 돌 맞은 얼음장의 파열음이 들리는 것 같다.

11월 짧은 해가 뉘엿하다. 한기가 든다. 서둘러도 자정이나 돼야 집에 도착할 것이다. 친구들은 꼭 한 번 내려오라지만 선뜻 '그러마.' 말이 안 나온다. 가서 보면 기억 속 온전한 고향을 잃을 것만 같아서다. 나는 여전히 고향에 젖줄을 대고 무시로 찾아가서 그리운 것을 그리워하며 아직도 자라고 있지 않은가.

옛 시인은 산천은 의구하되 인걸은 간 데 없다고 노래하였지만 노마드(Nomad)시대를 살아가는 우리에게 고향은 마을도 자연도 아니고 이제는 사람이 고향임을 깨닫는다. 그마저 언젠가는 하나 둘 떠나겠지만 그래도 나는 영원한 노스탤지어이고 싶다.

버스를 타고 온 고향이 다시 버스를 타고 떠난다. 나이만큼 성숙하고 또 그만큼의 피로가 묻어나지만 흙에서 자란 마음이 여태 오롯한 배꼽친구들이 멀어져간다. 나는 오늘도 '떠난 사람'이 되어 오래 손을 흔든다. 과수원 하는 친구가 내놓은 배까지 해서 싸준 음식보따리가 묵직하다. 누군가에게 고향이 되어준다면 인생 헛살은 건 아닐 것이다.

*새이: 언니. 경상남도 지방 사투리
*살구받기: 공기놀이 경상남도 지방 사투리
*두투: 상어 뼈와 껍질을 고아서 만든 음식

그녀는 아름다웠다

접촉사고가 났다. 퇴근시간이고 비가 내려서 정체가 심했다. 직진 차선에서 우회전 신호를 켜고 있다가 차량의 흐름에 따라 차선을 바꾸려는 순간 무언가 터지는 듯한, 외마디 비명 같은 날카로운 소리가 나면서 차가 움직이지 않았다. 가슴이 두방망이질을 쳤다. 여기는 뉴질랜드의 대도시 오클랜드 아닌가.

직진 차선에서 앞의 승합차는 차체 옆면에 30㎝쯤 되는 철골 프레임 구조물이 부착되어있었고 돌출 부분은 우회전 차선에 들어와 있었다. 유리를 운반하는 포켓이라고 했다. 우리 차의 왼쪽 앞 타이어가 그 프레임의 모서리에 걸려 펑크가 나고 앞 문짝도 찢어지면서 차가 주저앉았다.

상대 차는 정지 상태였으니 움직인 우리가 가해자인 건 맞는데 차 외부에 그런 구조물을 부착하고 차선을 침범한 것은 불

법 아닌지 의아했다. 외국인이어서 불이익을 당하지 않을는지, 영어가 능통하지 않으니 더욱 난감했다. 어찌 됐건 러시아워라 둘 다 차를 갓길로 빼냈다.

상대차 운전자인 백인 청년이 경찰을 부르는 동안 우리는 지인에게 도움을 청했다. 기왕 터진 일, 법대로 하면 되지. 마음을 다스리고 남편에게 미소까지 보이면서 우산을 받쳐주었다. 경찰을 기다리는 시간이 늙은 거북이가 산에 오르는 것을 보는 것처럼 길게 느껴졌다.

사이렌을 울리며 경찰차가 왔다. 여자 경찰관이 내렸다. 혼자다. 건장하고 젊고 씩씩한데다 환하게 웃는다. 경찰관에 대한 내 선입견이 살짝 흔들린다. 청년에게 진술을 들은 그녀에게 지인은 능통한 영어로 우리 입장에서 상황을 설명한다.

차에 부착된 시설물은 위법이 아니란다. 법이 그렇다니 도리가 없다. 우리에게 어떤 요구도 하지 않겠다는 피해자의 서명을 받고 경찰관은 청년을 보냈다. 사실 상대방 차는 완전 멀쩡했다.

빗발이 점점 거세졌다. 타이어를 갈아 끼우기는 해야겠는데 비는 쏟아지고 남편과 지인, 두 남자의 얼굴이 지옥문 앞에 선 것처럼 어두웠다. 그녀가 차를 살펴보더니 스페어타이어가 있느냐고 묻는다. 트렁크에 스페어타이어가 있다.

"OK!"

잃어버린 자기 핸드백이라도 찾은 것처럼 활짝 웃으면서 나와 눈을 맞춘다. 나는 그냥 어정쩡 웃어주었다. 그녀의 표정을 이해할 수 없어서였다.

그녀는 당연히 해야 하는 일처럼 무릎을 꿇고 엎드려 차 밑에 자키를 넣어 차체를 들어올렸다. 그리고 타이어의 볼트를 뽑아냈다. 휠이 쉽게 빠지지 않자 체중을 실어 발로 몇 번 굴려서 결국 빼냈다. 온통 비에 젖고 땀에 젖고 시커먼 기름이 옷이며 손에 묻어도 아랑곳없었다. 저 모습을 민중의 지팡이라 하는가. 그녀는 최선을 다 하고 있었다. 그녀는 아름다웠다. 감동이 여울졌다.

오래전에 이민 온 친구는 가끔 뉴질랜드의 경찰을 화젯거리로 삼았다. 주행 중 연료가 떨어져 꼼짝없이 서 있는데 연료를 사다 넣어주더라거나 한밤중에 안 좋은 일이 생겨 급하게 달려가는데 순찰차가 주행이 불안정하다고 판단했는지 차를 세우고 사정을 묻더니 대신 운전해서 목적지까지 데려다 주더라고도 했다. 부럽기도 했지만 설마 그렇게까지야 하는 마음도 조금 있었던 것이다.

비는 더 세차게 내렸다. 작업을 하는 동안 나만 우산을 쓰고 기다리기 민망했지만 달리 할 일도 없어서 일이 끝나면 줄 요량으로 운동 가방에서 수건을 꺼내들고 있을 뿐이었다. 그녀가 온몸으로 '봉사'라고 쓰고 있는 것 같았다. 나는 그것을 열심히 읽었다.

작업이 끝났다. 최소한의 벌금이 부과될 것이라며 그녀가 내미는 서류에 서명을 했다. 그리고는 우리더러 차를 움직여 보라고 하더니 시동이 걸리고 차가 움직이자 만족한 표정으로 굿바이를 외치고 멀어져 갔다. 얼마 후에 예상보다 많은 벌금과 사고 때문에 상대차가 일을 하지 못한 시간에 대한 손해배상 청구서가 왔다. 곱다시 물어낼 밖에.

한국에 돌아와서 그날 일을 써서 문예지에 발표했다. 그리고 그것을 다른 이의 손을 빌려 영어로 번역해서 그녀가 소속되어 있는 경찰서 서장에게 메일로 보냈다.

시한부의 나무

예전 살던 아파트에 갔다. 고향지킴이처럼 아직 거기 사는 친구가 있어서다. 아름드리나무들이 숲을 이루어 그늘이 더 짙고 넉넉하여 바람도 한결 시원하다. 주방 창문 밖에 서서 노상 나와 눈을 맞추던 벚나무는 당당한 수세로 연륜을 뽐내며 운치를 더하고 있다.

여기 나무들은 아파트 준공 당시에 심었다. 벚나무, 낙엽송, 소나무도 많고 백양, 느티, 오동, 때죽, 산딸 등등. 대부분 생장이 왕성한 어린 나무들이었다. 솜씨 좋은 조경사들이 공들여 심고 버팀목을 세워준 덕분에 곧고 실하게 자랐다. 몇 해 뒤 버팀목을 뽑아내자 마침내 홀로서기를 하는 청년의 기상이 보였다. 관리실에서 때맞춰 방제를 하고 전지도 하면서 40여 년 정성을 들였다.

봄마다 분홍이 얼비치는 벚꽃이 뭉게구름처럼 흐드러졌다. 주민들의 찬사가 밤낮없이 쏟아졌다. 꽃 중에 만개와 낙화의 아름다움이 으뜸이라고도 하고 멀리 갈 것 없이 집에서 꽃놀이 호사를 누린다며 자랑스러워했다. 버찌를 익히며 그늘을 드리우고 바람을 들이니 벚나무 아래 정자는 어른 아이 모두의 사랑방이었다.

그렇게 여름가고 초록이 낯을 붉히고 떠나면 곧 겨울이었다. 여백 사이로 별이 내리고 달이 걸렸다. 밤사이 눈꽃이 핀 날은 탄성으로 아침이 열렸다. 칼바람에 눈꽃이 투둑 산산이 흩어지고 햇살에 방울지는 눈꽃은 또 얼마나 영롱하던지 하염없이 바라보며 시간 가는 줄 몰랐다. 추억이 살아나고 그리움이 솟고 누군가의 안부가 궁금해지곤 했다.

재개발 운운할 때부터 나무들을 어떻게 할 건지 궁금했다. 어딘가로 옮겨 심지 않을까. 설마 베어내기야 하겠는가. 그즈음 꽤 알려진 도심의 대단지 아파트 재개발 준공기념잔치에 이웃들과 함께 초대를 받았다.

상상도 못한 멋진 정원이 마천루 사이로 굽이굽이 조성되어 있었다. 한강물을 끌어다 개울과 계곡과 습지며 생태공원을 만들고 그 위로 화강암 다리도 놓았다. 나이 들어 보이는 적송도 있었다. 보존 지역에서 자라야 할 나무를 어찌 도심으로 옮겨 왔는지? 그 많던 원래의 나무들은 흔적도 없었다. 건물철거와

동시에 토막을 내서 트럭으로 실어 갔다고 했다. 그럴 수가! 구구한 설명의 결론은 경제성이 없다는 것이었다.

이 아파트는 재개발 문제로 20여 년 주민들끼리 싸움질이다. 순전히 돈에 얽힌 시비다. 서로 헐뜯는 가운데 온갖 좋지 않은 소문이 숱하게 나돌았다. 이제는 막바지 절차가 진행 중이란다.

"나무들은 어떡한대?"

"몰라."

무심한 대답에 마음이 싸하다. 이주와 철거가 예정되어있으니 단지의 나무들은 모두 시한부 사망선고를 받은 것이다. 참 속절없다. 자료를 찾아보니 다 자란 나무는 옮겨심기도 어렵고 살리기는 더 어렵다고 한다. 어쩌랴. 사람이나 나무나 목숨 앞에 무력하기는 마찬가지다. 그래도 뿌리는 여전히 물을 빨아올려 우듬지로 보내고 잎은 햇빛을 마시며 숨을 쉴 것이다. 죽을 때까지 죽은 것은 아니니까.

집에 가는 길에 벚나무를 만났다. 수피에 손바닥을 대고 위를 올려다본다. 실팍한 몸통에서 굳건한 힘이 느껴진다. 숱하게 뻗어난 가지마다 무성한 푸른 잎들이 햇빛을 모자이크하고 있다. 평화롭고 신선하다. 손바닥으로 물기를 머금은 맥박이 전해오는 것 같다. 이별이다. 미안하고 먹먹하다. 나무가 말한다.

"살아있는 순간까지 의연할 것입니다. 가슴에 나를 심으십시오. 땅 속으로 길을 내는 용기와 끈기를 기억 하십시오. 무릎에 힘이 빠질 때 나에게 등을 기대십시오. 순리를 깨닫게 될 것입니다. 나눔이 망설여질 때 새와 벌레들의 집이 되어주는 나를 만나십시오. 나의 음악에 귀를 기울여 보세요. 지혜와 평화를 얻을 것입니다. 그리움도 외로움도 나와 더불어 견디며 일생 하늘바라기로 살다보면 그대는 마침내 아낌없이 주는 사랑이 될 것입니다."

3.

그곳으로 가네

무균실 소식

그녀에게서 전화가 왔다. 30여 년 '믿을 수 있는 사람'으로 여일하게 지내온 사이다. 그녀의 핸드폰이 잘못된 줄 모르고 '떠났나?' 하던 참이라 너무 반가워서 오히려 먹먹했다. 예수회 후원회 소식지 '이냐시오의 벗'을 통해 내 연락처를 알아냈다니 면목 없고 저릿했다. 엷은 미소를 머금은 표정이 전화에서도 선했다. 무균실 이전과 다르지 않게 느껴졌다.

죽음과 동의어 같은 그런 병고를 겪게 되면 하늘을 향해 삿대질을 하며 으르렁대지 않겠는가? 갑자기 비닐장막 무균실에 격리되고 보면 울부짖지 않을는지.

"나이 때문에 골수이식도 안 되고 검사수치가 안 좋아 항암제도 안 된대요. 언제 오라 하실는지 모르기로는 다 마찬가지지만 나는 눈앞에 보고 있는 거지요. 사람들이 암만 고통이 있다 해도 걸어 다닐 수 있는 것만으로도 얼마나 큰 은혜인지를 알까? 알면 어려움이 참 가벼워질 텐데. 그래 내도록 기도를 드려요. 일생 가장 감사할 일은 영세 받고 성당 다닌 거더라고요. 절대 자기를 잊을 수가 없지요."

울면 안 되는데 꿀꺽 침을 삼켰다.

"감옥살이여도 내가 할 일이 있지 않을까 했더니 첫날밤에 옆 침대의 젊은이가 떠나고 다음 날은 이쪽 침대의 남자가 떠나는 거예요. 바로 내 모습이죠, 뭐. 그들을 위해, 그들의 가족들을 위해서 기도할 수 있는 것도 참 감사하더라구요. 내 나이가 있으니 부모님도 안 계시고 형제도 노인이라 자기 앞가림도 어려워요. 없어요. 아무도. 누가 있겠어요. 지금은 교우들 사랑 속에 살잖아요. 축복이다 싶어요."

가벼운 일상을 이야기하는 것처럼 담담한 느낌이 되레 슬펐다. 가슴이 젖고 있었다. 나도 내일을 기약할 수 없었을 때 살려만 주신다면 착하게 살겠노라, 하늘의 뜻대로 살리라 약속하였다. 단순하고 겸손하게 사는 것이 뭐 그리 어려울까, 했던 나는 그 약속을 툭 하면 변명하고 모른 척하고 까먹기 일쑤다.

그녀가 이야기를 이어갔다.

"집에 있을 때는 양근성지로 미사를 가요. 거기는 사람이 적으니까. 마스크 쓰고 무장을 하고요. 전염되는 병은 아니니까요."

그녀가 처음 입원하는 날 대봉연시를 싸들고 병원 안내데스

크 앞에 섰지만 이름이 입안에서만 뱅뱅 도무지 기억이 안 나는 것이었다. 워낙 세례명이 입에 익은 탓인지 충격 때문인지 그녀 이름이 기억에서 완전 삭제된 것 같았다. 맥이 빠져서 아픈 사람처럼 의자에 늘어져 있다가 결국 그냥 돌아섰다. 그날 이후 면회가 어려웠다. 소독을 해서 전해준다기에 책과 편지를 보내곤 했을 뿐이다.

"알잖아요. 나 미련한 거. 고통이 축복이라는 말 맞더라고요. 감사한 마음이 말도 못해요. 자기 책도, 편지도 보고 또 보고 해요."

지독한 비참함을 감사할 수 있는 믿음은 도대체 어떤 경지인가. 오로지 믿고 온전히 내맡기고 이미 무량의 시간, 그 희망을 그녀는 살고 있는 것 같았다. 그녀가 전화를 놓았다. 영화의 엔딩크레딧이 끝나도 감동의 여운에 잠겨있는 꼭 그런 기분이었다. 뜨거운 무엇이 너울거리며 차오르는 가슴을 안고 눈을 감고 오래 그러고 있었다.

선종소식이 왔다. 성당 영안실 빈소 꽃 속에서 그녀가 날 바라보며 웃는다. 음전하고 선량한 모습 그대로다. 기도가 끝나자 그녀 또래 두 여인이 조용히 다가와 내 이름을 대며 '맞으시죠?' 한다. 하도 내 얘길 들어서 영안실 들어설 때 느낌이 확 오더란다. 길에서 만나도 단박 알아보았을 거라며 내 글을 많이 읽어서 오래된 사이처럼 가깝게 느껴진다고도 한다. 참 고맙다.

우리는 그녀에 대해 아는 것들을, 함께했던 추억들을 이야기 하였다. 숲에서 나직한 물소리를 듣는 것처럼 편안했다. 처음 만난 사이지만 그녀를 애도하는 마음으로 하나가 되었다. 누가 누구를 진정으로 애도하는 것은 진심으로 사랑했기 때문일 것이다. 그녀는 사랑을 가진 게 확실했다. 한 권의 말씀으로 오래 기억될 그녀는 일생 믿으며 닮고 싶어 했던 그분의 나라에 살고 있을 것이다.

그곳으로 가네

나에게 길은 질문이다. 그래서일까. 길 너머의 길을 꿈꾸며 여행을 떠난다. 여행은 세상의 '그곳'으로 가는, 거기서 체험하는, 그리고 집으로 돌아오는 모든 것이다. 여행은 낡아가는 나를 재생시킨다.

떠나는 날 아침은 분주하다. 활기 넘치는 감성이 기대를 부추긴다. 입맛을 잃은 참에 진수성찬 초대를 받은 기분으로 포만감을 상상한다. 이번에는 뉴질랜드 타우랑가에서 500여㎞ 북섬 남단 웰링턴에 가서 페리를 타고 쿡해협(Cook strait)을 건너 남섬 북단 픽톤에 도착, 해안도로를 따라 20여 일 남섬을 일주하는 코스다.

몇날 며칠 남섬 전도를 펼쳐놓고 머리를 맞대고 여행을 기획한다. 형광펜으로 코스를 그려가며 거리를 계산하고 숙소를 확인하고 '그곳'을 메모한다. 둘러가는 길이 멀어도 기막힌 풍경이 있다면, 비포장이라도 볼거리가 있다면 망설이지 않는다. 험준한 산을 넘더라도 이번 아니면 언제 또 오랴, 용기를 내고 결심한다. 검색한 정보를 순서대로 캡처하고 일정을 저장해 놓는다. 스마트폰! 그 첨단 길잡이가 내 손 안에 있다.

"어이! 잘 부탁해."

차를 토닥여준다. 유명브랜드지만 스무 살이 넘었으니 하는 말이다. 차의 미터기를 0에 맞춘다. 차는 연료만으로 가는 게 아니니까 연세 지긋한 기사양반에게 조수는 양질의 서비스를 제공할 것이다.

간식은 물론 DJ도 하고 듀엣도 한다. 피로와 졸음 예방으로 그만한 게 없다. 동요, 가요, 팝송 장르불문. 마주 바라본 세월이 반세기 남짓, 화젯거리가 궁하지 않은 것은 문화를 공유한 덕분이다. 이번에도 도란도란 길 위의 부부 인문학 한 편 엮을 것이다.

휴가철이 아니어서 숙소 예약을 하지 않았다. 내키면 운동도 하고 며칠 눌러 앉을 수 있으니 그냥 헐렁함이 좋다. 우리 취향에는 홀리데이파크*가 딱이다. 가성비 좋고 체인도 많다. 대부분 경치 좋고 시설도 잔디밭도 깨끗하다. 잔디밭 출입금지 표지판을 보고 자라서인지 잔디밭만 보면 무언가 하고 싶어진다. 뒹굴고, 책 읽고, 하늘바라기며 낮잠 한숨도. 자유, 그것이 야영을 즐기는 이유이기도 하다.

체크인을 하고 텐트 자리를 배정받는다. 나이든 사람은 주로 캠핑카를 이용하고 텐트는 주머니 가벼운 젊은이들이 좋아한다. 우리는? 암튼 15분이면 뚝딱 2인용 오두막 완공. 그리고는 먹을거리를 챙겨서 주방으로 간다. 주방, 식당, 화장실, 샤워실, 세탁실, 휴게실 등 편의시설은 50m안에 제대로 갖추어져 있다.

여행객들은 너나없이 밝고 친절하다. 예의와 공중도덕도 만점 수준. 어디서 왔냐, 어디로 가냐, 며칠 째냐, 주방은 활기가 넘친다. 가끔 노스코리아, 핵 운운하는 사람이 있다. 웃으며 가볍게 받고 화제를 돌린다. 스마트폰이나 자동차를 들먹이며 엄지척, 코리아에 호감을 보이는 사람에게는 금방 친밀감을 느낀다. 호감은 사람을 편안하고 평화롭게 한다.

집 나선 지 5일째. 쿡 해협에서 만난 돌고래 얘기에 신이 났는데 바람이 일고 하늘이 심상찮다. 결국 장대비가 온다. 텐트를 칠 수 없으니 방을 구해야 하는데 검색해도 빈 방이 전연 없다. 혹시나 하고 길 가 모텔에 들어가서 물어보고 나왔는데 차에 시동이 안 걸린다. 크르렁 크르렁 쿨쿨. 내장에서 바람이 빠진다. 난감하다. 오랜 단골인 렌터카 주인에게 전화로 엔진 소리를 들려준다. 배터리가 나간 것 같단다. 밤은 깊어가고 비는 쏟아지고 이런 시골에서 어쩌면 좋으냐?

생각 끝에 65㎞ 후방에 사는 친구 딸내미한테 SOS를 친다.

친정엄마처럼 반기며 집주소를 카톡으로 보내준다. 모텔 주인에게 점프를 부탁해서 시동을 걸고 온 길을 되돌아간다. 실은 딸네서 묵을까 했지만 딸내미가 무릎 수술을 앞둔 형편이라 얼굴 본 셈 치자고 통화만 하고 지나쳤던 것이다.

10년 만이다. 한국의 우리 집에도 온 적이 있는 사위의 허그가 뜨겁다. 무릎을 접어 큰 키를 조절하느라 친절하고 선량한 얼굴에 장난기마저 넘친다. 그 사이 태어난 딸아이 둘이 천사 같다. 한국인이라고는 그녀 밖에 없는 곳에서 내 집처럼 편하게 하룻밤을 지냈다. 사위의 주선으로 새 배터리로 힘차게 출발. 들어가래도 사위가 손을 흔들고 섰다.

여행은 모험이다. 처음 보는 풍경과 사람, 다른 문화와 언어를 경험하면서 언제 무슨 일이 일어날지 모르는 채 내 속도와 깜냥대로 나아갈 뿐이다. 오늘의 '이곳'은 추억이 되고 내일의 '그곳'이 기대와 호기심으로 다가온다.

때로는 위기에 대처하는 낯선 모습을 서로에게서 발견한다. 힘들어도 그 또한 여행의 매운맛이려니, 위기 자체를 즐긴다. 안전하고 건강하면 그만이다. 지혜롭거나 바보 같거나 간에 상황이 끝나면 더 단단하고 깊어진 우리를 실감한다.

여행은 돌아오기 위해 떠난다고도 한다. 집으로, 자신에게로, 일상으로 돌아오는 길은 익숙하고 편안하다. 집이 가까워질수록 마음이 저만치 앞서 간다. 낯익은 모퉁이, 가로수, 이웃집들, 눈 감아도 선한 풍경이다. 삶의 무한한 느낌표들이 살아 움직인다.

주차를 하고 시동을 끈다. 계기판에 4,669㎞라고 뜬다. 큰일을 끝냈다는 듯 자동차가 뜨거운 숨을 토한다. 우리도 안도의 숨을 내쉬며 하이파이브.

"수고했어. 고마워."

*홀리데이파크(Holiday Park): 여행자를 위한 숙박시설 체인

안녕, 에우푸라시아

오! 에우푸라시아 성녀님.

오늘도 저에게 인사를 건네시는군요. 감사합니다. 성녀님 수호 덕분에 저는 잘 지내고 있습니다.

반세기 가까이 우리는 참 다정하게 지내왔죠? 에우푸라시아는 제 이름 연순과 이음동의어입니다. 아일랜드 신부님께서 영어로는 아, 꽃!(Oh! Flower)이라고 하시더군요. 그래서인지 에우프라시아! 소리 내어 불러보면 정겹고 예쁘고 매력적인 느낌이 듭니다.

사실 처음에는 세례명이 마음에 들지 않았어요. 길고 어렵고 낯설었거든요. 수녀님께서 음력 3월 13일인 저의 생일과 축일이 같으면 좋다고 하셔서 운명이라 생각했죠. 그런데 세례명을 댈 때마다 불편한 겁니다. 예? 처음 들어요. 어렵네요. 심지어 누가 지었어요? 하는 분도 계셨으니까요. 그럴 때는 그냥 웃지요. 어느 나라 성녀세요? 어떤 분이세요? 하면 웃고 말 일은 아니더군요.

"예, 382년 콘스탄티노플의 귀족 가문에 태어나셨어요. 생후 1년 만에 아버지가 돌아가시자 미모에 막대한 재산을 가진 어머니는 재혼청탁에 시달렸대요. 성가심을 피해 어머니는 딸을 데리고 이집트의 타벤니시로 가서 살았습니다. 어머니의 독실한 신앙생활을 따라 은수자들의 설교를 들으며 수도생활에 접하다 보니 동정생활을 하는 공동체에서 지내고 싶은 소망을 가지게 되었다고 해요.

7세 때 어머니와 함께 방문한 수도원에 계속 머물기를 고집해 그때부터 수도생활을 시작했고 5년 뒤 어머니가 사망하자 유산을 모두 가난한 사람들에게 나누어 주고 세속과의 인연을 끊어버렸답니다.

공동체 일이 너무 힘들어 뛰쳐나오려는 유혹에 수없이 직면했답니다. 그때마다 일주일 내내 금식을 하거나 온갖 고행을 통하여 이겨냈대요. 대단하죠. 그런 노력과 인내심으로 동료들로부터 위대한 성녀로 존경을 받으며 살다가 412년 서른 살이 되던 해에 돌아가셨다고 합니다."

다소 장황해도 귀를 기울이던 상대방은 얼굴이 환해집니다. 에어콤프레샤 하기도 하고 에어프랑스, 심지어 에어브레지어,

불러놓고 재미있어하는 지인도 계십니다. 친구들은 이담에 연도 바칠 때 그냥 에우! 할테니 이해하라고 합니다. 다 웃자고 하는 말이지만 성녀께 죄송해서 견진성사 때 바꿀까 생각도 했습니다만 당신이 서운하실 것 같아 그만 두었습니다. 잘했죠? 남편은 여보보다 에우프라시아 부르기를 좋아합니다. 조금도 불편하지 않은 것 같아요.

꽃은 울지도 성내지도 찡그리지도 않죠. 스스로 견뎌낸 역경들을 내색하지도 않죠. 우리에게 보여주는 것은 아무 일 없는 듯이 오직 꽃 그 아름다움이지요. 꽃을 보며 인내와 극기가 피워낸 사랑을 봅니다. 당신을 본 받아 저도 누구에게나 꽃의 느낌을 주는 사람이기를 간구합니다.

맨날 "성녀 에우프라시아! 저를 위하여 빌어주소서." 하다가 처음으로 편지를 띄우니까 더 정겹게 느껴지네요.

저의 수호성인이신 에우프라시아 성녀님!

당신은 세상의 모든 꽃으로 제 안에 계십니다. 저는 언제 꺾어 가셔도 좋을 꽃이고 싶습니다. 잘 부탁드립니다. 뵈올 때까지 안녕히 계십시오.

나름 운전 5대 수칙

무엇이나 마음대로 하고 싶지만 그런 일이 그리 많지 않은데 자동차만큼은 충직한 신하다. 그것이 운전을 즐기는 이유 중 하나이기도 하다. 시동이 걸리는 소리나 엔진소리로 차의 컨디션을 짐작하거나 연료를 가득 채웠을 때 느끼는 만복감은 분신 같은 친밀감이라고 해도 좋겠다. 부드러움과 탄력과 안락함이 속도를 타고 온몸으로 전해오면 차와 한 몸이 되는 쾌감을 느낀다. 핸들을 잡고 좋아하는 음악을 들으며 나름의 수칙을 고수함으로써 쾌감지수를 상승시킨다.

교통법규 엄수. 차선, 속도제한, 주정차 금지 등 법규는 다 나를 위한 것이다. 양보운전은 나를 여유 있고 너그럽게 한다. 얌체가 끼어들면 부모님이 위독하신가, 아내가 산통이 왔거니, 아이가 다쳤나 보다 한다. 위험하게 앞지르면 초보인가, 젊은인가, 영업차가 서둘면 '그래, 벌어먹어야지' 한다.

공연히 차선을 이리저리 바꾸지 않는다. 칼치기 곡예를 해 보았자 별수 없다. 앞질러 가더니 나란히 신호를 기다리는 경우도 흔하지 않은가. 빨라야 얼마나 더 빠를까. 꼭 차선을 바꾸어야 하는데 양보해 주지 않으면 야속하지만 주의를 집중하여 때를 기다린다. 달리 방법이 없다. 품위를 지키지 않는 고급 승용차는 한심하다. 많이 누리면 그만큼의 사회적 책임도 감당하는 것이 당연하지, 으스대기만 하는 꼴이라니. 끌끌.

신호를 크게 믿지 않는다. 도심 네거리 바로 눈앞에서 난 충돌사고를 목격하고부터다. 신호대기 1번일 때는 신호가 바뀌어도 바로 출발하지 않는다. 이미 끝난 신호에 꼬리를 물고 달리는 차는 속력을 내기 마련이어서 큰 사고가 나기 십상이다. 그러니까 파란 불이 켜져도 주위를 확인한다. 같은 이유로 신호 끝자락에 아슬아슬 꼴찌로 달려가지 않는다. 네거리의 사고는 대부분 급한 마음, 부주의가 원인이다. 신호는 바뀌기 마련, 위험한 꼴찌보다 안전한 선두가 낫다.

수신호에 의지하지 않는다. 몇 번을 비비적대더라도 내 감각대로 움직인다. 처음 새 차를 가지고 사흘 된 날, 친절한 지인의 수신호만 보고 주차를 하다가 정면에 있는 소방관에 부딪쳐서 범퍼가 언청이가 되고서 결심했다. 능숙하게 단번에 정렬 주차를 하면 멋있어 보이기는 하지만 안전이 우선이니까. 앞 뒤

범퍼에 자잘한 흠집을 내고 다니는 운전 사부에게 가끔 잘난 척을 한다.

차체는 은박지에 불과하다. 자동차 수리공장에 가본 적이 있다. 처참하게 중상을 입은 각종 차들이 비를 맞고 있었다. 전쟁터의 야전병원처럼 비명이 들리는 것 같아 섬뜩했다. 다쳤겠구나. 죽었겠다. 그런 상상을 하다 보니 자동차라는 물건이 나를 보호해 줄 것이라는 생각이 없어졌다. 사고가 나면 차는 흉기가 되기도 한다. 사고는 상대적이어서 누구도 안전을 보장할 수 없지 않은가. 단지 내가 사고의 원인이 되지 않도록 최선을 다할 뿐이다.

길이 막히면 노래를 부른다. 다른 사람 앞에서는 삭제된 화면만 떠오르는데 희한하게 노래가 줄줄, 구성지게 잘도 넘어간다. 핸들에다 손가락 장단을 치며 고성방가. 어느새 길이 열린다. 옆 차 운전자를 의식할 필요는 없다. 나만 앞을 보면 그만이다. 요즘은 선팅이 진해서 완전 자유다.

딱 한 번 차선위반을 했다. 토요일 오후2시에 인사동에서 문단행사가 있었다. 적어도 30분 전에 현장을 점검하고 진행을 의논해야했다. 경부고속도로는 극심한 정체였다. 날고 싶었다. 알리바바의 담요, 손오공도 부르다가 에라! 모르겠다. 비상등을 켜고 버스전용차선으로 달렸다. 범칙금고지서가 왔다. 차량번호가 선명한 사진과 위치와 시각이 정확했다. 각오한 일이라 덤덤

했다. 언젠가는 지공(地空) 겸용 차가 나오리라. 막히면 부웅 떠서 날아가리라. 얼마나 멋진가. 한강을 내려다보며 날아보리라.

나만 잘한다고 안전하지는 않다. 교통사고로 불행을 겪는 이웃들이 얼마나 많은가. 남의 일이 아니다. 아무리 조심해도 지나치지 않는 것이 운전이다. 안전은 서로의 것이므로 남의 안전을 배려해 주어야 나도 안전할 수 있다.

날이 갈수록 차는 늘어나고 길은 복잡하고 사람들은 성급해져서 사고의 위험은 커져 간다. 성호를 올리고 시동을 건다. 교만도 방심도 절대 금물, 그저 도로 위의 모든 이가 안전하기만을 바란다.

서툰 진혼곡으로

깊은 가을이었다. 중장비가 와서 아파트 뒤편 북쪽 화단에 구덩이를 수십 개나 팠다. 사나흘 소음이 아파트를 들었다 놓았다 했다. 그러더니 소나무를 실은 트럭이 줄을 이었다. 흙 채로 돌려 파기를 한 뿌리에 고무줄을 동여맨 소나무들을 적재함에 눕혀 목을 걸치고 밖으로 나온 푸른 우듬지에 붉은 끈을 매놓았다. 두려움에 가슴조이는 나무의 심장소리가 들리는 것 같았다.

아파트 앞 신축상가에서 받은 돈으로 조경을 하는 거라고 했다. 한동안 입주자회의와 부인회에서 상가건축 반대 서명운동을 벌였지만 우리는 서명하지 않았다. 법적으로 문제가 없는데 아파트 단지 입구라는 이유로 속 보이는 생트집을 부린다고 생각했기 때문이다. 아파트의 품격에 어울리는 건축에 옥상을 정원으로 가꾸면 좋을 것 같았다. 수억을 받았다는 소문이 돌더니 소나무로 실체를 드러낸 것이다.

40여 그루 소나무들은 아파트 3층을 넘는 키에 둥치도 족히 서너 뼘이나 되었다. 사람들은 쉰 살은 되었을 거라고도 하고 서른 쯤이라고도 했다. 소나무들은 세 개씩의 지주목에 의지하고 곧추 심어졌다. 하늘을 향한 기상은 제법이었지만 워낙 가지를 다 잃고 우듬지만 남은 형국이라 기품은 보잘것없었다.

그늘이 짙어지고 운치를 품기에는 한참 세월이 가야할 것이었다. 강제이주를 당한 나무들이 곤욕을 치르는 것 같았다. 옮겨심기에는 너무 큰 것 아닌지 사뭇 불안했다. 살 수 있을까. 어디서 저리 비슷한 또래를 한꺼번에 구해 왔을까. 하루아침에 숲을 만들겠다는 성급함에 속이 상했다. 시간 아니고 무엇이 나무를 키우고 숲을 이룬단 말인가.

뒷산의 발등에 들앉힌 아파트라 문을 나서면 바로 숲이었다. 마음만 먹으면 무시로 뒷산에 오를 수 있었다. 비가 오면 나는 우산을 받고라도 숲에 들었다. 단지의 담장을 따라 산책로도 잘 가꾸어져 있어서 밤이든 새벽이든 날마다 열 바퀴는 너끈하게 돌았다.

서울 도심에서는 꿈만 꾸던 일이었다. 숲 가까이 살다보니 1년 반쯤 지나자 난치 같던 알레르기 증상도 씻은 듯이 나았다. 숲은 생명을 보듬어 키우는 위대한 집이었다. 그토록 숲이 가까우니 어린 나무를 심어서 자라는 모습을 보아도 좋으련만 시간이 천천히 흐르는 것을 참지 못하는 어리석음이 못내 마뜩잖았다.

산책로를 걸을 때마다 소나무들을 올려다보았다. 괜찮니? 꼭 살아야 돼. 북쪽이라 볕이 모자랄 텐데 어떡하니? 견뎌야 해. 마음으로 나무를 쓰다듬다보면 간절한 기분이 되었다. 둥치를 감싸보아도 생기가 느껴지지 않았다. 왠지 꺼져가는 생명 같았다. 죽을 고비를 넘으면서도 소나무는 제 향기를 아끼지 않았고 엉성하게나마 눈꽃을 피우며 겨울을 났다.

봄이 왔다. 소나무에게는 봄이 봄 같지 않은 것 같았다. 뿌리가 제대로 내리지 않아서 그러려니, 봄이니까 좋아지겠지 했다. 장마 지나고 태풍에도 끄떡없이 서 있기는 했다. 그런데도 만성피로 혹은 시름시름 중병을 앓는 것 같았다. 옮겨온 지 1년이 되어도 기운을 차리지 못하니 걱정스러웠다. 마른 솔잎이 떨어졌다. 그중 몇 그루는 아픈 기색이 더 역력했다. 아픈 나무에도 눈꽃은 피었지만 두 번째 봄이 와도 새 잎은 나지 않았다.

침엽들이 불 맞은 것처럼 갈색으로 변했다. 공동묘지를 지나는 기분이었다. 거기 나무의 본질적인 숙명이 속절없이 엉겨있었다. 바람은 울음소리 같고 그림자도 허깨비 같았다. 해가 기울 무렵 아파트 옆으로 비치는 햇빛을 받은 그림자는 엉성하고 길어서 둥치와 우듬지가 한 몸이 아닌 것처럼 보였다. 새 잎을 내고 꽃을 피우고 열매를 맺는 나무의 몸짓을 보고 우리는 나무가 살아있다고 믿지 않는가. 소나무 아래 낙엽 진 솔잎들이 누워있었다. 우듬지는 잎을 잃고 앙상하게 가지가 드러났다.

또 포클레인이 왔다. 지주목을 철거하고 구덩이를 파헤쳐서 죽은 소나무들을 땅에 눕혔다. 뿌리에는 새까만 고무줄이 그대로 동여져 있고 새 뿌리는 보이지 않았다. 인부들이 전기톱으로 나무를 토막토막 썰었다. 소나무의 노리끼한 살점들이 날리고 진한 향기가 등천했다. 살아서 온 나무들이 죽어서 쓰레기가 되어 쌓였다. 트럭이 포클레인으로 실어주는 소나무 토막들을 어딘가로 가져갔다.

한 토막의 나이테를 세어보았다. 서른일곱 살. 사람으로 치면 장년이었다. 40그루 합쳐서 대략 1,500년이 가뭇없이 사라졌다. 이 무모한 짓을, 참혹한 죽음을 잊지 않으리라. 단전 깊이 향기를 들이키며 소나무의 넋을 품었다. 그래도 아픈 마음이 달래지지 않아서 그 살점들을 봉지에 담아가지고 와서 달항아리에 묻었다. 서툰 진혼곡으로 주검을 덮어주었다. 미안하고 미안하고 또 미안했다.

로맨스그레이

친구 어머님은 백수를 바라보신다. 어머니 이야기를 자주 들어서 뵌 적 없이도 정이 들었다. 수년 전 홀로 되시어 고가에서 꽃이며 남새며 연못에 금붕어까지 기르면서 삼이웃 친구들과 더불어 소일하시다가 올봄 맏딸네로 옮겨 오셨다.

문안드리려 했더니 친구가 어머니를 모시고 운동 삼아 찻집으로 왔다. 지팡이를 짚고 부축을 받긴 하지만 깔끔한 매무새며 맑은 얼굴에 엷게 루주로 단장하신 모습이 애잔하게 곱다. 손수 치자 물을 들인 거라며 노방주 숄을 주신다. 펼쳐보니 작은 찻집이 연노랑으로 환해진다.

이야기꽃을 피우다가 '그 사람' 말이 나오자 눈물이 그렁그렁 눈시울이 붉어지신다.

"한 번만 봤으면, 딱 한 번만 봤으면. 참말로 소원이다."

손수건으로 몇 번이나 젖은 눈을 가만히 누르신다. 아내로 어머니로만 살아오셨으니 자신의 감정에 저토록 솔직하신 것은 처음일지도 모른다. 그 처음이 어머니 생전의 마지막이 될지도 모를 일이다.

친구가 '그 사람' 이야기를 모임에서 했을 때 어머니가 마음을 접어야한다느니 늙은이 주책이라고들 했지만 나는 왠지 숨어서 홀로 핀 들꽃을 만난 기분이었다. 지켜야 할 것을 지켰기에 아름답고 슬프기까지 한 로맨스가 아닌가. 나에게 '그 사람'이 있었더라도 어머님과 다르지 않았을 것 같았다.

'그 사람'은 친구 초등학교 동창이고 어머님께서 점찍은 사윗감이었다. 결혼을 염두에 두고 만나기는 했지만 부부인연이 아니었던지 각자 다른 짝을 찾아 결혼했다. 친구는 부러울 것 없이 행복하고 그 역시 그렇다고 한다. 친구는 아무 감정도 없을 뿐 아니라 만나고 싶은 생각은 손톱만큼도 없단다. 어머님은 교육자이신 남편과 일생 금슬이 좋았고 다복하셨다. 그러니 사랑이 아쉬워서도 아니고 한은 더더욱 아닐 터인데 저리도 간절하실까.

어린 시절 우리 동네가 발칵 뒤집힌 적이 있다. 도시로 유학간 이웃 언니가 목을 맨 것이다. 얌전한 고양이가 부뚜막에 먼저 올라간다느니 그 댁에 망조가 들었다느니 부모가 어떻게 얼굴을 들고 살겠냐며 어른들은 혀를 찼다. 순전히 귀동냥과 눈치로 연애는 '나쁜 짓'으로 머리에 박혔다.

중학생인 언니가 가을 소풍을 가더니 빨간 단풍나무 가지를 들고 들어왔다. 상기된 얼굴이었다. 날 주려고 무엇이나 좀 남겨왔거니 하고 반기는 순간 여섯 오빠 중에 호랑이 둘째 오빠가 날선 목소리로 언니를 불렀다. 언니는 오빠 앞에 무릎을 꿇었고 서슬에 나는 자동으로 얼음이 되었다.

"조신한 계집애가 어디 단풍나무 가지를 흔들고 다녀! 연애박사들이나 하는 짓을!?"

따끔한 훈육 끝에 대나무 자로 손바닥을 두 대 맞고 언니는 풀려났다. 등 너머로 연애는 '못된 짓'을 또 새겼다.

여고 3학년. 집 앞에서 교복 입은 남학생이 책 한 권을 불쑥 건네주고 총총 멀어져 갔다. 통학 길에 본 얼굴이었다. 방망이질 치는 가슴을 안고 방문을 잠갔다. 1년 치 일기장이었다. 갑자기 사방 벽이 다 눈동자로 번뜩이는 것 같고 숨이 막히고 몸이 후들거렸다.

첫 장에 이름과 주소가 쓰인 메모가 있고 'ㅇㅇㅇ는 날마다 정연순을 사랑한다!' 진하고 크게 쓰여 있었다. 책장을 스르륵 넘겨보았다. 미세한 바람에 잉크 향기가 풍기고 숱한 정연순이 살아 나왔다. 글씨가 단정해서 더 겁이 났다. 그의 언어를 읽으면 불행으로 떨어질 것 같았다.

1년 동안 집요하게 눈길을 받고 있었다고 생각하니 정결을

도둑맞은 것 같았다. 서랍 깊숙이 판도라의 상자를 감추어 두고 몇 날 열에 들떠 지냈다. 불길한 예감이 떠나지 않았다. 결국 화선지에다 겹겹이 싸안고 우체국에 갔다. 유골을 모시고 가는 것처럼 침통했다.

그것이 창구 안으로 사라지자 아주 소중한 것을 버리고 말았다는, 그에게 못할 짓을 했다는 생각이 들었다. 덫을 자른 것 같은 해방감이 아니라 이별이라는 말이 맴돌고 송곳

같은 아픔이 명치를 찔렀다. 한동안 슬프고 우울했다. 내게 온 연애를 장사지낸 것이다.

푸른 시절에 결혼을 했다. 용케 연애를 피하고 바로 결혼을 했다는 안도감이 있었다. 둘 다 첫사랑이어서 '우리는 이제부터 연애한다.'고 외치며 부부의 역사를 써 왔다. 방파제 안에 정박한 배처럼 안전이 보장된 연애였다. 그럴수록 내 갑옷은 더 두꺼워졌다.

그래서일까. 나이 들수록 진짜 연애 한 번 못 해본 것이 못내 아쉽다. 예술 속에서 열렬한 연애를 만날 때는 물론이고 보통 사람들의 별 것 아닌 연애담을 들으면서도 '난 바본가 봐.' 한다.

어머님에게 내 연애의 장례 이야기를 해드렸다. 너무 했다고, 한 번뿐인 청춘인데 왜 그랬냐고 짐짓 나무라신다.

"어머니, 참 부러워요. 어머님의 그 로맨스 훔쳐서라도 가지

고 싶어요."

어머님 얼굴에 홍조가 피어난다. 가을날의 노을이 떠오르고 어머님의 로맨스가 장밋빛 실루엣으로 번진다. 가슴에서만 농익은, 그래서 더 절절한 어머님의 로맨스는 백수를 바라보는 연세에도 여성성을 시들게 하지 않는 묘약이 아닐까. 눈물이기도 하고 미소이기도 하며 노인을 빛나게도 하는 것 같다.

액자 한 점

싸움은 격렬한 대화이며 이상적인 싸움은 소통의 비결이라고도 하지만 나에게는 폭력과 동의어다. 폭력에서 상처는 필연적이지 않은가. 비온 뒤에 땅이 더 굳는다고는 하나 상처가 아물어도 흉터는 남게 마련이다. 싸움이 자신을 나타내는 최후의 방법이라면 당연히 위험도 감수해야 한다. 어찌 됐든 무모하고 감정적인 한 판 승부다. 대체로 싸움은 즉석 점화다. 억지와 고집, 승부욕 몽니 등이 들끓는 가마솥에서 순발력과 기술이 우세해도 기에 밀리면 승산이 없다. 이성과 지성은 소나기 맞은 비단옷처럼 초라할 뿐이다.

딱히 누구랑 싸운 기억이 없다. 고함소리만 나도 무릎이 풀리고 가슴이 펄떡펄떡 말이 안 나오고 머릿속이 하얘지는 위인이지만 꼴에 뒤끝은 있다. 잠자리에 들어서야 울화가 불타올라

영상을 편집하고 더빙을 하며 속을 끓인다. 이렇게 말할 걸. 그건 아니잖아. 해봐야 아쉬움만 더하고 자괴감에 든다.

나는 싸움 자체가 싫다. 착하고 순해서가 아니고 싸울 일이 없어서도 아니다. 주고받을 상처에 대한 두려움과 깜냥만큼의 자제력으로 지레 포기하고 만다.

자신과의 싸움은 꽤나 치열한 편이다. 따져 무엇 하랴. 살다 보면 진심을 알게 될 거라고 믿는다. 흐르는 대로 두고 보자며 시간에게 신세를 진다. 느려도 기다림은 희망이니까. 끝까지 모른들 또 어떠랴.

찻잔을 사이에 두고 조근조근 속내를 나누면 풀리지 않는 일이 없을 것 같지만 대화는 상대적이라 변수가 있게 마련이다. 무슨 일이나 자꾸 해봐야 늘 텐데 싸운 경험이 없으니 입때 맹탕이다. 싸워야 할 때 싸우는 것도 능력이라고 한다면 나는 대책 없이 무능하지만 그러려니 하고 산다.

여섯 살 즈음이었다. 오전이었고 집에는 나 혼자 있었다. 아버지가 계시는 금융조합 쪽에서 난리가 났다. 사람들이 낫, 곡괭이, 삽, 도끼 같은 것을 휘두르는 것이 조합의 긴 창문으로 보였다. 무서워서 얼른 아버지 품에 쏙 들어박혀야겠다는 생각밖에 없었다. 정원을 지나고 우물을 지나 조합 쪽으로 뛰어갔다.

그때였다. 조합 화장실의 열린 창문으로 아버지 옆얼굴이 보였다. 액자 속 그림 같았다. 희고 단정한 평소 모습이 아니었다. 누룩지게미 같이 누렇고 창백해보였다. 입술도, 담배도, 담배 끝에 달린 끝이 약간 꼬부라진 담뱃재도 벌벌 떨고 있었다. 아버지는 눈을 뜨고 계셨지만 아무것도 보고 있지 않는 것 같았다. 퍽 늙어 보였다. 내가 본 것은 그것이 전부였다. 그 뒤는 기억이 없다.

아버지는 나의 보루였다. 단지 마당을 가로지르는 출근길임에도 아침마다 신사의 품격을 갖추셨다. 유일하게 아버지와 겸상을 받는 막내에게 생선뼈를 바르고 김치를 물에 씻어 밥숟갈에 얹어주셨다. 한없이 자애로운 미소와 어여뻐하시는 눈빛이 나를 어루만졌다. 숨이 막히게 꼭 껴안으셨다가 놓아주실 때 훅 끼치는 옅은 담배냄새와 비누향기가 좋았다. 치대고 장난치고 만지며 한껏 어리광을 부렸다. 아버지를 감상하는 것은 즐거운 놀이였다.

폭력은 그런 내 아버지를 화장실에 숨게 하고 선 채로 떨게 하였다. 폭력은 모욕이었다. 아무도 나에게 그날 일을 설명해주지 않았다. 오가며 주워들은 바로는 직원들의 기지로 아버지는 직접 수모를 당하지는 않으셨단다. 큰오빠의 사업장에 인사사고가 났고 유가족들이 아버지에게 엄청난 보상금을 요구하며 협박한 것이었다.

아버지를 귀찮게 하면 안 될 것 같았다. 그만한 눈치는 있었던 걸까. 일이 잘 해결되었다는 말을 듣고서야 겁먹은 마음이

가라앉고 어리광이 살아났다. 나는 아버지에게 그날 본 액자 한 점을 말하지 않았다. 돌아가실 때까지 어느 누구에게도 말하지 않았고 여기 처음이다.

가까운 분이 돌아가시거나 성당의 봉사활동으로 영면한 모습을 뵈올 때가 있다. 최근에도 지인의 입관예절에 함께하였다. 염습을 마친 고인의 얼굴에 표정은 사라지고 냉기만 일렁거렸다. 낯빛에 감도는 적막이 한없는 거리를 느끼게 하였다. 그럴 때마다 그날의 액자 한 점이 긴 세월을 건너 오버랩 된다. 액자 속 아버지는 살아있는 주검의 얼굴이셨다. 아버지가 겪었을 공포와 외로움이 섬뜩하게 사무쳤다. 시간 덕분일까. 그리움은 더께를 더하고 통증은 무디어졌다.

그날 일은 상대의 입장을 헤아리며 속마음을 들어주는 귀를 가지게 하였다. 덕분에 웬만하면 참을 수 있었고 싸움을 피할 수 있었다. 상처를 주지 않으려고 말과 행동을 조심하였다. 그것은 내 상처와의 화해였다. 예의를 잃고 막장으로 가는 사람도 있지만 그것은 그 사람의 문제다.

언젠가부터 나에게 상처 받은 이들을 위하여 기도하고 있다. 그 액자 한 점은 '복된 상처'였다. 감사할 따름이다. 상처받지 않고 화해를 알 수 있으랴. 한 번도 상처받지 않은 영혼은 나약하고 미숙하지 않을까.

부부의 초상

1. 웨딩카

청명한 주말 오후. 경포호수의 윤슬이 찬란하다. 개를 앞세우고 느긋이 산책하는 노인, 도드라진 배로 허리를 세우고 걷기 삼매경인 남자, 속삭이고 웃고 장난치는 쌍쌍의 젊은이들, 살과의 전쟁 그 전의를 불태우면서 경보선수 못잖게 빠른 아주머니들, 앳된 부부가 밀고 가는 유모차에 아기는 곤히 잠을 자고 아빠엄마와 함께 나온 아이들이 뛰고 떠들고 논다. 사랑하기 좋은 봄날이다.

꽃과 테이프 장식에다 요란한 깡통소리를 내며 웨딩카가 온다. 지구 한 귀퉁이가 환해지는 것 같다. 풍경 가운데로 종이 울리고 하얀 꽃이 피어나는 것 같다. 축복을 담은 눈길들이 그리로 쏠린다. 손을 흔들어 준다. 차가 가까워지면서 왁자한 소리도 다가온다.

이런! 자동차 뒤에 홀랑 벗고 팬티만 입은 신랑이 얼굴에는 피에로 화장을 하고 구둣발로 헉헉 뛰어간다. 피로연 드레스 차림인 신부가 트렁크에 앉아서 신랑 목에 맨 넥타이에 줄을 묶어서 잡고 있다. 양복 입은 신랑 친구 넷이 같이 뛴다. 기합을 넣기도 하고 하나 둘 구령을 붙이기도 한다. 신부의 웃음소리가 자지러진다. 자동차가 약간 속력을 더한다. 줄이 팽팽해지고 신랑 얼굴이 벌게진다. 신부는 재미있어 죽겠다는 몸짓이다.

폰카를 찍는 젊은이, 말세라는 듯 노려보시는 할머니, 눈이 동그래진 아이, 어머머! 남편을 바라보는 아이엄마, 아이 아빠는 표정이 굳었다. 어이없이 바라보는 아저씨. 걷기운동을 하는 아줌마 둘이 야무지게 내뱉는다.

"미쳤네. 미쳤어."

"진짜, 뭐하는 짓이야."

2. 아까시꽃

그녀가 유리병 하나를 내게 건넨다. 아까시꽃을 꿀에 재웠단다. 차로 드시면 좋을 거라 말하는 그녀에게 희망이 보인다.

"그이가 난리칠 때 도망 나와서 발 가는 데로 걷다보니 대학교 뒷산까지 갔어요. 달빛이 얼마나 밝은지 나무 그림자도 선명하고 온 산에 달콤한 향기가 일렁일렁해요. 굉장해요. 아까시꽃이 한창인데 땅바닥도 하얘요. 그래서 더 밝은 거 같았어요. 그렇게 밝은 달밤은 처음 봐요. 진짜 딴 세상 같더라고요. 꽃을 줍다 보니 금방 치마에 가득 됐어요."

고3인 그녀의 큰딸이 아버지의 주사폭력을 견디다 못해 가출한 지 달포가 넘었을 때였단다.

"내 꼴이 참 말이 아니고 마음이 복잡하더라고요. 집을 나가버릴까도 여러 번 생각했어요. 먹고 사는 거는 겁이 안 나는데 작은 애가 걸리는 거예요. 춥기도 하고 작은애 도시락도 싸야 해서 집에 들어갔죠. 술 냄새가 진동을 해요. 그 사람은 세상모르고 코를 골고 작은애는 책상에 엎드려 자고 있고. 그 양반 술만 끊으면……. 그게 제일 소원이었거든요."

그즈음 나를 만난 거란다. 찻잔에 녹차를 따르고 아까시꽃 두 송이를 띄운다. 작고 하얀 꽃이 기지개를 켠다.

"금주모임에 나가면서 치료도 받고 자기도 무척 노력해요. 워낙 불쌍하게 자랐잖아요. 그런 거 생각하면 마음이 아파요. 큰애는 나하고 연락을 해요. 친구가 외딸인데 작년에 아버지가 돌아가셨대요. 그 엄마가 잘 해준대요. 우리애가 공부를 잘 하는 편이거든요. 수능 끝나고 아버지 하는 거 봐서 들어오겠대요."

차를 새로 따르고 새 꽃을 띄운다.

3. 삼계탕

그녀 집에서 성당 반 모임이 열렸다. 열두 명이 모였다. 30대에서 일흔 넘은 분들까지 연령이 다양하다. 둘러앉아 기도하고 성경 읽고 묵상을 하고 돌아가면서 삶을 나눈다. 그녀 차례다.

"오늘은 내가 말을 좀 길게 할 거야. 괜찮지?"

"그럼요. 하세요."

"한 삼년 됐어. 우리 집 양반이 이상하게 자꾸 늦는 거야. 손님 접대라느니 시골 친구가 왔네, 동창모임이다, 안 하던 바둑 동호회도 가야한대. 그러면서 예사로 12시 넘어 들어오는 거라. 가만? 이거 뭐 있는 거 아니야? 정신이 번쩍 들더라고. 여자 육감이라는 게 있잖아. 생전 안 하던 짓도 하는 거야. 외국 갔다가 화장품이랑 핸드백도 사오고."

워낙 내외가 쾌활해서 그런 속앓이를 하는 줄 아무도 몰랐다가 다들 얼음처럼 굳어서 추임새도 못 하고 시선고정에 귀만 열고 있다.

"틀림없다 싶더라고. 그래 달력에다 표시를 해봤더니 한 주에 네댓 번 늦고 그것도 모자라서 툭 하면 지방 출장이래. 이거 일 났다. 어떻게 할까. 성모님께 하소연도 하고 상담도 하고 묵주를 쥐고 살다시피 했지."

S자매가 후끈 달아서 나선다.

"나 같으면 그냥 안 둬. 한 방에 요절을 내지."

"요절내는 거야 언제든 할 수 있고 간단하지. 그러고 나면 가정은 뭐가 돼?"

누구도 할 말을 찾지 못하고 우물쭈물.

"바람도 한때라잖아. 나이 육십을 바라보는데 살림을 차리겠어? 늦둥이를 낳겠어? 저녁마다 거기서 기운 빼고 와서는 기운이 없네, 몸살기가 있네, 엄살을 떨어요. 며칠에 한 번은 나도 대접 해줘야지. 몸이 배겨나겠냐고. 결국 돌아올 거 아니야."

피식 웃음이 돈다.

"기운 다 빠진 빈껍데기보다야 성한 사람이 낫잖아. 그래 뚝배기에다 삼계탕을 안쳐서 냉장고에 넣어두고 들어오면 불에 올렸어. 소금 후추로 간 맞추고 겉절이 김치해서 상을 차렸지. 얼마나 맛있게 먹는지 몰라. 어떤 날은 쳐다보지도 않아. 그러거나 말거나 마흔여덟 마리째 안쳐 놓았는데 그날 일찍 들어왔어. 이야기 할 거 있대. 그러라고, 마주 앉았어."

꼴깍, 누군가 침 삼키는 소리가 난다.

"다 끝냈어. 그러면서 항복을 하는 거야. 고맙다, 당신 참 대단하다, 용서해 줘, 그러더라고. 눈물이 울컥 나는 거야. 용서 비는 사람이 울어야 하는 거 아니야? 나 참! 목이 콱 메서 겨우 말했어. 왔으니 됐다. 더 오래 끌면 그냥 안 두려고 했어. 정말이야."

일동 박수.

"그날 이후로 서로 그 말은 안 꺼내. 지나간 일이 뭐 중요해. 지금이 중요하지."

잔치국수를 차려내는 그녀에게서 빛이 나는 것 같았다.

또 다른 오르가슴

"지금이라도 골프를 시작할까, 생각중이야."

친구 여덟의 눈이 반짝한다. 새해 해맞이를 할 때처럼 초집중이다. 우리 중에 유일한 골퍼가 즉시 나선다. 구력이 아마 30여 년 되었을 것이다.

"그래, 지금이라도 늦지 않아. 더 미루지 마. 사실 나한테 그이가 그거 권한 지가 무척 오래 됐었어. 그때는 그게 부자들이나 하는 귀족운동이라 생각했고 나 같은 보통 사람에게는 상당한 거리감이 있었어. 신앙적인 가치관으로도 소박하고 검소하게 살고 싶었거든. 그이가 출장길에 클럽을 사왔는데 열어보지도 않았어. 당치 않은 짓을 했다고 생각했지. 3, 4년을 창고에다 묵혔어. 90년 여름에 지인이 가까운 빌딩 지하에 연습장을 차렸는데 에어컨을 빵빵 켜는 거야. 그 바람에 시작했어. 그때만

해도 이웃 눈에 뜨일까봐 조심스러웠어. 내가 이중인격자가 된 거 아닌가, 그러니까 말과 행동이 다른, 그런 사람 말이야. 암튼 지금은 참 잘했다 싶어."

솔직하고 진심어린 권유였다.

"얘, 너희 부부는 특별하잖아."

"특별해서가 아냐. 함께하려고 노력하는 거지. 나, 처음에 프로 야구, 그거 그렇게 긴 시간 텔레비전 앞에서 열광하는 그이, 정말 이해하기 힘들었어. 시간이 저렇게 남아도나 했으니까. 그러다 보니 그 시간 동안 서로 불편하더라고. 생각을 바꿨지. 경기 룰을 물어가면서 함께하다보니 재미가 나고 화젯거리도 자꾸 생기더라. 골프도 그래."

그녀는 준비된 보따리를 풀듯 이야기를 이어갔다. 골프 이야기는 전혀 하지 않더니 물 만난 고기처럼 열심이었다.

"언젠가 그이 드라이버헤드가 금이 갔어. 새로 사야겠네요. 했더니 내가 골프 안 했으면 그거 본드로 붙이면 안 되냐고 했을 거 같대. 아마 그랬을 거야. 공통분모를 크게 하는 거. 부부가 나이 들어가면서 공동관심사, 공통된 화젯거리 하나 더 생긴다는 건 대단한 보너스야. 할 말이 없어서 멍청하니 밥만 먹는 거 고역 아니야?"

"그거, 어렵잖아. 레슨도 받아야 하구."

"처음엔 무엇이나 다 배워야지. 나는 어려운 운동이라기보다 엄청 무서운 운동이라고 생각해. 자신의 컨디션은 물론이고 성격, 인격, 가치관, 생활습관 뭐 하나 숨길 수 없이 다 드러나거든. 가끔 전율을 느낄 정도로 무섭지만 바로 그게 매력이야."

"그거야 저 생긴 대로 살면 되지만 돈이 있어야지."

"돈이 좀 들긴 하지. 돈뿐이냐. 건강해야지, 친구 있어야지, 그래야 할 수 있다고들 하지. 돈? 하기 나름이지. 무얼 우선으로 생각하느냐에 달린 거 같아. 우리 돈 안 많은 거 알잖아. 마음이 부자지. 사치 낭비 그런 거 줄이고 알뜰히 하는 거지. 운동하면서 장비에, 옷에, 사치하는 거 우리나라가 유난하지. 그저 운동일 뿐인데."

"하긴 그렇더라. 그래도 얘, 그거 하면서 둘이 싸운대."

"그런 부부는 그거 안 해도 싸워."

"하하하 맞다, 맞아. 나도 책에서 봤는데 골프는 인생의 축소판이라고도 하고 누군가는 기술(skill)과 우아함(grace)의 운동이라더라."

"부부라는 게 뭐야. 서로를 채워주는 거잖아. 애들 다 독립하고 둘만 사는 세월이 줄잡아 30년인데 함께 즐길 거리가 없다면 얼마나 외롭고 지루하겠니?"

"우리는 그런 징조 보인 지 오래됐어."

"그거 봐. 그렇게 되면 그 시간은 쓰레기 밖에 안 되잖아. 노년도 엄연한 내 인생인데 그렇게 버릴 순 없지. 노년이라고 부부 간에 서로 스트레스 안 줘? 어쩜 젊어서보다 더 할 수도 있어. 젊어서는 다시 안 볼 것처럼 다퉈도 자고 나면 풀어지잖아. 이제 우리 그런 건 다 접었는데 어떡할 거야?"

"그렇기는 해."

"솔직히 말할게. 나는 스코어에 연연하지 않아. 즐기는 거야. 사람도 읽고 철학도 하고 계절도 만나. 가끔 오르가슴도 느껴."

"???"

"같이 하다보면 그이 내면이 다 보여. 힘이 팍 들어가면 화가 났나? 과시하고 싶은가? 속이 허전한가? 아하, 그래서 그렇구나! 해서 칭찬하고 인정해주고 격려하고 다독거리지. 서로를 읽으면서 그렇게 맞춰 가다가 숨이 멎을 듯한 긴장 끝에 동시에 굿 샷! 나이스 인! 하는 그런 순간이야. 완전한 일치감. 그거야. 잘하고 못하고가 문제 아니야."

글쎄, 오르가슴이라!? 그럴 수도 있을 것 같다.

남자, 앉아서 오줌 누기

30여 년 동안 우리 집은 남자 셋 여자 하나가 살았다.

등교하는 두 아들을 엘리베이터 앞까지 배웅한다. 가볍게 성호를 올리고 손을 흔들며 웃어주고 집으로 들어간다. 다음은 출근 차례. 역시 엘리베이터 앞까지 슬리퍼를 끌고 나간다. 엘리베이터 문이 완전히 닫히고 내게 묻어 온 그의 스킨 향기가 하루의 1막 1장이 끝나는 여운으로 남는다.

집안은 어제와 다르지 않은 풍경이다. 파장처럼 흐트러진 데다 산소 부족마저 느껴진다. 앞치마를 벗고 소파에 길게 누워 조간신문을 보아도 좋고 침대로 들어가도 상관없지만 불끈 나를 추슬러 바로 1막 2장을 시작한다. 이 방 저 방 창문을 열고 세탁기를 돌려놓고 설거지와 청소를 시작한다. 몸이 팽이처럼 돈다.

변기를 닦으려고 수세미에 세제를 묻혀 들고 쭈그려 앉는다. 노란 얼룩이 우우 일어나 코에 스미고 짜증에 굴욕감마저 더한 거품이 인다. 조준을 정확하게 못하기는 어른이나 아이나 똑 같다. 나름 강온을 번갈아 몇 번 탄원을 해보았지만 한낱 잔소리로 여기는 것 같았다. 변기는 날마다 세 남자의 오줌세례를 받아 누렇고 내 안에는 혁명이 자라고 있었다.

무릎을 접는 일이 인류역사 이래 타고 난 남자의 자존심을 꺾는 건 아닌지, 고유한 권리를 빼앗는 건 아닌지 의구심도 들고 기운 시퍼런 우리 집 남자들을 서서 오줌 눌 자유도 없는 그런 남자로 전락시키는 건 아닌지 염려스럽기도 했다.

소변기 설치는 여의치 않을 뿐 아니라 일거리만 불릴 게 뻔했다. 모임에서 그 일을 화제로 내놓으면 주부들은 부정적인 느낌에는 공감했지만 혁명을 꿈꾸지는 않는 것 같았다. 하기야 여럿이 뜻을 모아 일을 도모할 사안은 아니지 않은가.

큰아이 결혼식 보름 전, 그날을 거사일로 잡았다. 저녁에 다과상을 마주하고 둘러앉자 유쾌 지수가 올라갔다.

"너희들은 유난히 아빠를 따라했지. 꼭 구두주걱으로 신발 신고, 물도 둘이 건배! 변기에 서서 오줌 누고 으스대, 화장실 문만 열렸다 하면 변기 물 내리고 소용돌이에 손 넣고 하하호호, 변기 닦는 일이 여간 아니었어. 화가 나서 접시를 깨뜨리고 싶을 때도 있었으니까."

세 남자 얼굴에 흥건하게 미소가 피었다.

혁명은 타이밍이다. 혁명의 당위성을 이해시켜야 했다.

"우리 집 남자들! 집에서는 앉아서 오줌 누면 어떨까. 저게 이름도 좌변기, 앉아서 볼 일 보라는 거다. 너희 아이들 생각해서 지금부터 습관을 들이는 게 좋을 것 같아. 서서 오줌 누는 한, 아기가 만져도 좋을 만큼 깨끗이 유지하기는 힘들어. 분명 네 아내한테 사랑받을 거다. 마음만 먹으면 어려운 일 아니다."

요구가 아니라 제안이며 동의를 구하는 태도를 유지했다. 세 남자는 생뚱맞다는 듯 서로 쳐다보았다. 큰아이는 끄덕이고 둘째는 당치도 않다는 표정인데 의외로 남편이 동의했다. 엄마 말에 일리가 있다면서 고정관념에서 벗어나야 한다고 힘을 실어 주었다. 때를 놓치지 않고 그동안 생각하고 듣고 읽은 자료들을 총정리 술술 풀었다.

일단 조준에 신경 쓸 필요 없다. 변기에 노란 얼룩 안 봐도 된다. 당연히 화장실이 더 위생적이게 된다. 작은 일 보다가 큰 일 보고 싶어도 문제가 없다. 뚜껑 안 내려 놓았다가 아내한테 잔소리 들을 일도 없어진다.

그뿐 아니다. 의학적으로도 방광을 완전히 비울 수 있어 전립선에도 좋고 따라서 더 오랫동안 성생활을 할 수 있다고 한다. 당연히 전립선암 위험도 줄어든다. 등등. 여섯 개 눈빛이 하나 되는 것을 보았다. 의견과 느낌이 받아들여지고 아내로써 엄마로써 인정받는 것 같아 뿌듯했다. 진작 할 걸.

둘째가 벌떡 일어나 화장실에 간다. 어색한 듯 쑥스러운 듯 묘한 표정을 하고 나온다. 짐짓 모른 척한다. 며칠이 지나자 해 보니까 괜찮다고, 편하다고 입을 모은다. 60여 년, 30여 년, 몸에 밴 습관을 바꾸기가 쉽지 않을 것이다. 단 한 번도 도전받은 적 없는 당연한 행위 아닌가. 그래서 혁명이라는 말이 무색하지 않았다.

그와 나 둘만 산 지도 오래 되었다. 고속도로 어느 휴게소에서 '오줌발 대회'를 시작했다는 보도가 있다. 남자 소변기에 측정기를 달아 양과 세기를 겨루는 데 그걸 해 보겠다고 긴 줄서기도 마다 않는 모양이다. 옆 사람의 오줌발을 보고 주눅이 들거나 으쓱하거나 간에 그것은 동물적 본능이지 싶다.

그건 그렇다 치고 우리 집 혁명은 성공이었다. 엊그제 화장실 문을 벌컥 열었다가 볼 일 보는 그를 보고 말았다.

"미안, 미안."

어머니의 주전자

흑자 주전자가 있다. 굽 둘레 24㎝, 굽 높이 1㎝에 키 18㎝로 갸름하고 다소곳한 몸뚱이는 배 둘레 36㎝에 이르러 차츰 위로 좁아져서 주둥이 둘레 역시 24㎝이다. 주둥이에는 꼭 맞는 뚜껑이 있고 뚜껑 중앙에 지름 2㎝의 양각 매화문 꼭지가 있다.

꼭지 가까이 아주 작은 구멍이 나 있는데 술이 얌전하게 흐르도록 하기 위한 공기구멍이다. 해묵은 매화 가지를 닮은 촉자리가 어깨에서 휘어져 배에 닿고 날렵한 곡선의 귀때가 균형을 이루어 안정감을 준다.

표면을 가만히 들여다보면 흑갈색에 금빛이 어린다. 주전자의 속은 따로 색을 내지 않은 듯 자연스러운 밝은 갈색이 은은하다. 밑바닥은 몸뚱이 표면과 색이며 광택이 같다. 굽에서 뻗은 금빛 매화 가지가 배에서 귀때 쪽으로 시원하게 휘어져 여백을 만들고 뚜껑으로 이어진다. 활짝 핀 백매가 뚜껑에 둘, 어깨에 셋, 아랫배에 둘 그리고 봉오리 여럿이 막 눈을 뜨고 있다.

이렇듯 피어난 매화를 기꺼워하는 양 꾀꼬리 두 마리 희롱이 한창이다. 여백의 중앙에서 가지에 발을 딛고 저기 날아오는 짝을 돌아보는 암컷의 볼록한 가슴에서 설렘과 기꺼움이 느껴진다. 금빛 날개를 수평으로 활짝 펴고 전속력으로 사랑을 향해 날아가는 수컷은 사랑에 달떴다. 세상 무엇이 저 순간만큼 다급하랴. 몰입의 경지가 아닌가.

어머니는 살림살이를 좋아하셨다. 집 안 곳곳에 아끼고 좋아하는 기물들을 놓아 두셨는데 이 주전자는 언제나 찬장 안쪽에서 빛을 내고 있었다. 가끔 찬장 그릇을 다 꺼내서 닦을 때도 이 주전자는 새 행주로 입김을 불어가며 닦고 몸뚱이와 뚜껑의 그림을 잘 맞추어 놓으셨다.

저만치에서 보고 그릇의 위치를 바꾸기도 하고 이리저리 바라보곤 하셨다. 한참 만에 살짝 접었던 저고리 소매를 펴면 일이 끝난 것이다. 어머니는 찬장을 감상하셨는지 몰라도 나는 방 전체를 배경으로 그런 어머니의 움직임을 새겼다.

손님이 오시면 이 주전자에 따끈하게 데운 정종을 담아 주안상에 올렸다. 술을 따를 때마다 잔이 너무 작아서 술이 넘칠까 조마조마, 어른들의 소꿉장난을 보는 것 같았다. 어려서 아버지

어머니 주위를 맴돌던 나는 요즘 말로 '딸 바보'인 두 분의 주문대로 외국의 수도와 대통령 이름을 줄줄 외곤 했다. 손님들은 감탄과 박수에 사탕 값까지 얹어서 주셨다.

세월이 흘러 나는 여고 2학년이 되고 아버지는 갑년을 맞으셨다. 집안 잔치 전에 어머니가 아버지께 아침상을 차려 드리는 것이었다. 찰밥에 미역국 그리고 몇 가지 찬이 놓인 정갈한 밥상에 이 주전자가 있었다. 정성을 담아낸 생신상임을 바로 알 수 있었다.

오른손에 촉자리를 쥐고 왼손 검지와 중지로 뚜껑을 살포시 누르고 천천히 반주를 따르는 어머니, 그 모습을 지긋이 바라보시는 아버지, 두 분의 눈길과 호흡이 깊었다. 회갑이라는 각별한 감회를 이심전심 느끼고 계시지 않았을까. 아버지께로 향한 주전자의 그림이 하나로 온전했다. 그림이 어긋날까 조심한 어머니 마음이었으리라.

어머니는 아버지보다 14년을 더 사시고 임에게로 가셨다. 어머니가 돌아가시기 몇 해 전에 이 주전자와 매화문 수반 한 점을 주시며 말씀하셨다.

"간수 잘 하고 나 보듯이 봐."

나는 이 주전자를 사용하지 않는다. 눈길 닿는 곳에 두고 바라만 본다. 먼지를 닦을 때는 온 마음을 집중하고 조심한다. 집안을 둘러보면 여러 가지 물건들이 저마다의 사연을 지니고 놓여 있지만 이 주전자는 그것 자체의 아름다움도 빼어나거니와 나의 유년과 부모님이 거기 계시기 때문에 나에게는 특별하고 소중하다. 날이 갈수록 잊혀져갈 뿐 더는 생겨날 수 없는 추억이기에 이리도 애틋하다.

기회는 가까이에

겨울 새벽 학교 가는 길이었다. 기차를 타려고 수원역에 가서 화장실에 들렀다가 멈칫했다. 세면대 옆으로 이어진 파우더 테이블에서 젊은 여인이 바느질을 하고 있었다. 온 정신을 바늘 끝에 모으고 드나드는 사람들에게는 전혀 관심을 보이지 않았다. 긴 생머리의 갸름한 얼굴에 콧날이 오뚝했다. 야위고 파리하고 지쳐보였다.

이빨로 실을 자르고 바느질감을 툭 털자 스탠드칼라 망토가 완성되었다. 그녀는 이동전화 광고 현수막으로 만든 그것을 솔기며 단이며 스티치까지 꼼꼼하게 살폈다. 완성을 확인하는 듯했다. 퇴고를 한 작가의 표정도 그러할 것이었다.

결연한 표정으로 새 옷을 입고 이리저리 포즈를 잡으며 거울 속 자기에게서 시선을 떼지 않았다. 몸매며 동작이 프로 같았다. 진공관 속에 자신을 가둔 것처럼 완전한 몰입이 느껴졌다.

기차가 출발하자 늘 하던 대로 삶은 감자 두 개와 우유를 꺼냈다. '주님, 은혜로이 내리신…' 식사 전 기도를 하다 목이 메었다. 그녀에게 주고 올 걸, 그냥 눈빛으로 '드세요' 하고 거기 두어도 좋았을 터인데 기회를 놓쳤다. 굶주린 모습이었는데 어떡하지? 마음이 짠해서 다음 학교 갈 때마다 2인분을 준비했지만 그녀를 다시 만날 수 없었다.

기차를 타는 왕복 네댓 시간을 오지게 즐긴다. 기도를 하거나 책을 읽거나 사람 구경도 좋고 졸기도 한다. 열차 소리가 타임머신이 되어 주고 창밖 풍경에서 계절을 만끽하는 호사도 누린다. 사색도 상상도 작품도 기차 속에서 얻을 때가 많다.

늘 그런 것은 아니다. 기차는 수다쟁이, 먹보, 코골이, 우는 아기, 다 같이 타고 가지 않는가. 밀폐된 소리상자 같아서 열이 뻗칠 때가 더러 있다. 짜증이 나도 참을 수밖에. 아주 견디기 어려울 때는 승무원에게 주의를 요청하면 대부분 좋아진다.

바로 뒤에서 아기가 울어댔다. KTX는 자리가 좁아서 이런 경우 마치 내 귀에 확성기를 댄 것 같다. 돌잡이 정도 될까. 그런데도 아기 엄마는 큰애 타이르듯 '왜 그래, 졸리면 자야지, 아파? 어쩌라구, 미치겠네.' 시답잖은 말만 되감기를 하였다. 일어나지도 않고 앉은 채로 입으로만 달래는 말마디가 짜증을 부채질했다.

보던 책을 덮고 하릴없이 묵주를 들고 있었다. 울음은 조금도 수그러들지 않았다. 그런데 서서히 짜증이 가라앉으면서 내 마음이 변했다. 아기도, 아기 엄마도 얼마나 힘이 들까, 나이 든 내가 도와줘야지. 일어나서 뒷자리로 갔더니 아기 아빠도 거기 있었다. 어쩜 그리 꼼짝도 않고, 암 말도 안하고 있었을까. 쥐어박고 싶을 정도였다.

"아기가 아픈가 봐요. 도와드릴까요? 나한테 물하고 빵도 있고 사탕도 있긴 한데."

"아뇨. 애가 아파서 링거 맞고 왔거든요."

"그럼 아기를 업고 여기 좀 왔다 갔다 해 보면 좋을 것 같은데."

아기 엄마가 하는 수 없다는 듯 일어나서 아기를 업었다. 내가 손수건으로 아기 머리며 얼굴을 닦아주고 도닥도닥 해줬더니 소르르 잠이 들었다. 아기 엄마도 고맙다는 눈인사를 하더니 선 채로 좌석 등받이에 이마를 대고 잠이 들었다.

객실 전체가 편안해진 것 같았다. 내가 내리려하자 아기 아빠가 일어나서 꾸벅 인사를 했다. 좀 전에 감정은 다 없어지고 흐뭇하고 사랑스러웠다.

사노라면 크고 작은 일들이 주위에서 일어난다. 도와주어야 할 때도 있고 도움 받을 때도 있다. 그것이 우리들, 사람 사는 세상의 순환이고 더불어 사는 모습일 것이다.

누군가를 도와주어야 할 기회를 놓쳤거나 무심했음을 뒤늦게

깨달았을 때는 쑥스럽고 찜찜하고 막연하지만 면목이 없다. 반면에 아주 작은 일이라도 내가 도움이 되어주거나 친절을 베풀면 뿌듯하다. 사는 보람이 느껴진다.

사랑을 줄 수 있는 기회는 늘 가까이 있음에도 그 기회를 자주 놓친다. 무심하거나 미련하거나 내 발등의 불이 급하거나 간에 아무튼 내 탓인 것을.

4.

7월이 오면

인생은 아름다워

그들 부부가 맛보기 김장김치를 들고 왔다. 지난봄 지진 같은 그 일이 있은 후로 처음이다. 둘의 눈빛이 따뜻하고 다정하다. 듬직하고 쾌활한 남편, 부지런하고 정 많은 아내는 언제 보아도 잘 어울리는 한 쌍이다. 봉사라면 두 팔 걷고 나서서 궂은일도 마다않는다. 초등학생 두 아들은 소문난 개구쟁이지만 미사를 드릴 때는 의젓한 복사다. 얼마나 좀이 쑤실까. 우습기도 하고 대견하기도 하다.

봄에 그들이 ME*(Marriage Encounter)주말 체험을 하고 돌아왔다. 선배 ME부부들이 마련한 환영모임에서 사달이 났다. 그가 말했다.

"아내가 한글을 모른다는 사실을 이번에 처음 알았습니다."

지진이 나거나 폭탄이 터진 것 같았다. 다들 아연했다. 그는 복받치는 듯 말을 잇지 못하고 눈물을 흘렸다. 검게 탄 얼굴이 달아올랐다. 그녀가 울면서 밖으로 뛰쳐나가고 다른 부부들이 뒤따라가고 하는 바람에 잠시 혼란스러웠다. 그가 애써 다시 말을 이어갔다.

"사랑한다고 말은 쉽게 하면서도 아내의 아픔이 뭔지도 모르고 살았던 게 너무 부끄럽고 애처로워 견딜 수가 없습니다. 결혼한 지 12년 됐는데 그동안 누구한테 말도 못하고 제일 가까운 나한테까지 티 안내고 사느라 얼마나 힘들었을지, 진짜 마음이 아픕니다. 저한테 그 말을 하면서 참 많이 울더군요. 그 순간만큼 아내가 사랑스러웠던 적이 없었던 것 같아요. 진짜 예쁘더라고요. 껴안고 같이 막 울었어요. 서로 미안해, 미안해, 하면서요."

눈물과 한숨이 여울졌다.

"저는 제가 아내를 제법 사랑한다고 생각했어요. 근데 이번에 확실히 깨달았어요. 제가 아내를 제대로, 잘 사랑하지 못했다는 거, 순전히 내 중심이었지요. 또 아내가 저를 진심으로 믿어주고 사랑하는 것을요. 저절로 '감사합니다!'가 나오더라고요. 눈물이 다른 때보다 더 뜨거운 거예요. 눈물도 온도 차이가 있더라고요."

그녀도, 뒤따라 나간 이들도 돌아오지 않았고 남은 사람들은 감동에 빠졌다. 누구도 쉽게 입을 열지 못했다. 그의 고해성사 같은 고백이 모두를 정화하는 것 같았다.

다음 날 그녀에게 전화를 넣었다. 아직 잠긴 목소리였다. 찻물을 올리고 다과를 준비하는 사이 부부가 왔다. 어제는 창피해서 죽는 줄 알았다면서 그녀가 고개를 숙였다. 두 사람 다 약지에 낀 18금 실반지가 닳아서 한 몸처럼 보였다. 마디 굵은 그들 손이 우직한 표정으로 찻잔을 들어올렸다.

한국전쟁 때 고아가 되어 휴전선 근처 일가 집에서 부엌일과 농사일을 하며 자랐다. 학교가 원체 멀어서 굳이 가난을 핑계 삼지 않아도 다들 그러려니 했다. 일 잘하고 싹싹한 그녀가 전방 부대 장교로 복무하던 지금의 남편을 만나 사랑하게 되었다.

맏이가 태어나고 천주교에 입교를 하고 영세식과 함께 혼인식을 올렸다. 아이들이 한글을 깨칠 때 배워볼까도 했으나 용기를 내지 못했다. 이야기를 하면서 글썽이기도 하고 미소 짓기도 하는 그녀가 새 잎을 내는 봄 나무 같았다.

남편이 초등학교 일학년이 쓰는 네모 칸잡이 공책을 열 권이나 사들고 퇴근했더란다. 아이들에게 엄마의 사연을 말했다. "이제부터 아빠는 엄마의 선생님이다. 아빠는 엄마를 세상에서 제일로 사랑한다! 너희들은 그 다음이고."

선언 후로 석 달 만에 한글을 떼고 내친 김에 중학교 검정고시를 준비하고 있단다.

"이 사람이 머리가 좋아요."

"공부가 재미있어요. 신문을 읽으니까 눈도 귀도 트이고 세상이 보이는 것 같아요. 아직 멀었지만요."

저녁마다 아빠 엄마가 상을 펴고 공부를 하는 바람에 아이들도 TV를 포기하고 성적이 쑥 올랐다고 싱글벙글. 무슨 일이 있어도 고등학교까지는 마치겠다면서 결의에 찬 눈길을 주고받는다. 이렇게 아름다울 수가! 그들 손을 덥석 잡았다. 기막힌 공연의 피날레를 보며 기립박수를 치는 기분이었다.

그들을 배웅하고 왠지 설레어 하늘을 보았다. 별이 유난히 싱싱하다. 산다는 것은 인연을 가꾸는 일인지도 모른다. 사람과는 물론이요 시절도 그러하고 다른 생물과 무생물까지도 '나'를 중심으로 관계를 맺는다. 인연을 잘 가꾸고 싶은 것은 본능이지 싶다. 그래야 행복하니까.

그럼에도 그리 여의치도 않고 단순하지도 않다. 더욱이 부부의 인연은 얼마나 오묘한 섭리인가. 천생연분이란 부부연분 안에 하느님이 살아계심이다.

*ME(Marriage Encounter): 부부가 서로 새로운 모습을 발견하고 대화를 통하여 친밀하고 책임있는 관계로 살도록 이끌어주기 위하여 가톨릭교회가 마련한 프로그램

번지점프를 망설이며

카와라우* 다리 번지점프장이다. 차례를 기다리는 사람들에게서 오싹한 긴장이 느껴진다. 침이 마른다. 소용돌이치며 질주해 온 강이 잠시 숨을 돌리며 짙푸르게 빛나고 있다.

장비를 갖추고 43m 아래로 뛰어내리려는 청년이 눈을 감는 게 보인다. 비명인지 환호인지 고래고래 소리를 지르며 출발, 휘청 오르락내리락 살짝 강에 빠졌다 다시 튀어 오른다. 난간을 잡고도 어질어질 오금이 저린다. 여자 점퍼의 날카로운 소리에 더 주눅이 든다.

어린 날의 여름, 날마다 온양천* 쌔삐딸에서 살다시피 했다. 산이 워낙 가팔라서 새비탈 쌔비탈 쌔삐딸로 변했지 싶다. 산은 봉우리에서 쭉 뻗어내려 강에 아랫도리를 담그고 있었다. 산의 이쪽 끝에 온양초등학교가 있고 저쪽 끝에 절이 있었다. 어른들은 스님이 땡땡이라고 비웃는 것 같았지만 봄마다 오색 연등이 걸렸다.

서들에 책가방을 놓고 겉옷만 벗으면 끝. 머슴애든 가시나든 메리야스 팬티 하나로 그만이었다. 원숭이처럼 바위를 타고 올라 절벽에 몸을 붙이고 다이빙 순서를 기다렸다. 물장구치고 멱감고 온갖 물재주를 부리며 공연히 소리를 질러댔다.

네댓 길 되는 바위 꼭지에 서서 다이빙 폼을 잡는 아이는 키가 훨씬 크고 늘씬하고 야무져 보였다. 초자가 머뭇거리면 딴에 응원이랍시고 '괜찮아'를 외쳤다. 덩치 큰 애가 그러면 사정없이 얼라리꼴라리 겁쟁이래요, 놀려먹었다. 철딱서니 깜둥이 우리들 세상이었다.

나는 스타였다. 다이빙대에 똑바로 서서 강 건너 수수밭을 바라보기도 하고 아이들을 내려다보고 웃기는 하지만 긴장을 늦추지 않았다. 결연한 각오로 무릎에 힘을 주고 허리를 펴고 두 팔을 위로 쭉 뻗는다. 하나아, 두울, 셋! 몸을 솟구쳐 손끝으로 물을 뚫으며 머리가 수직으로 수면에 닿게 뛰어내린다. 잠시 물소리에 섞이는 박수와 웃음소리를 듣는다. 퐁! 솟구쳐 오르며 머리를 흔들고 한 손으로 얼굴의 물을 쓰윽 훑어 내린다. 차돌멩이 같은 얼굴들, 열혈 팬들이 환호한다. 두어 번 개헤엄을 치면 발이 강바닥에 닿는다. 봤지? 이렇게 하는 거야.

입술이 파래가지고 물에서 나오면 소름이 좍 돋았다. 덜덜덜

으흐흐 저절로 옹송그려졌다. 뜨거운 서들에 서서 햇볕을 쬐는 기분, 하늘도 산도 강도 내 것이었다. 따끈한 돌멩이를 귀에 대고 옆으로 기울이면서 팔짝팔짝 귀에서 미지근한 물이 찌르르. 순간 귓구멍이 확 뚫리면서 쏟아져 들어오는 매미소리.

죽을 뻔한 적도 있다. 바위 아래는 물색이 하도 진해서 무섬증이 들 정도였는데 발을 바닥에 대보려고 만세 자세로 아래로 내려가는 순간 꼬르륵 무언가에 끌려들어가는 것 같아 기겁을 하고 솟구쳐 올랐다. 다시는 물귀신에게 까불지 않기로 맹세했다.

그럭저럭 나는 윗도리를 입어야 할 만큼 자랐다. 물에서 나올 때마다 전에 없이 민망스러웠다. 물이 빠지면서 메리야스는 어찌 그리도 몸에 찰싹 달라붙던지 엉거주춤 메리야스를 떼어내기 바빴다.

낮에 그렇게 놀고도 밤이면 복숙이 언니를 따라 멱 감으러 갔다. 물 가운데서 먼저 온 아낙들이 소곤거리는 소리가 나고 이리 들어오라는 신호가 왔다. 옷을 벗거나 인기척에 숨을 죽이거나 달을 바라보거나 모두 어른들을 따라했다. 은밀한 설렘이 일렁거렸다. 야릇한 우스개도 대강 눈치 챘다.

윗물은 남정네 차지였다. 목소리만으로도 키득키득 아낙네들은 내숭을 떨었다. 눈치 빤한 내가 모를 리 없었다. 남정네가 헤엄을 치면 아낙네들이 자지러졌다. 첨벙대는 소리와 물결을 타고 묘한 흥분이 전해졌다. 그래서 밤마다 기를 쓰고 복숙이 언니를 따라나섰을 것이다. 나는 그렇게 소녀를 벗어나고 있었다. 무한정 계절이 찾아올 줄 알았다.

번지 점프를 망설인다. 하자니 겁이 나고 안하자니 지금 아니면 영영 못해볼 거라는 생각이 들면서 아쉽다. 뛰자니 무모한 것 같고 돌아서자니 겁쟁이 같다. 결국 멋있게 팔을 벌리고 뭐라고 소리를 지르며 낙하하는 젊은이에게 박수를 쳐주고 돌아서면서 고작 쌔삐딸 다이빙을 추억한다. 광고카피가 떠오른다.

"니들이 그 재미를 알어?"

*카와라우강(Kawaru River): 뉴질랜드 남섬 오타고
*온양천: 울산광역시 온양읍

임

혼인날이 가까운 어느 날 어머니가 이르셨다.

"남편은 임을 모시듯 해야 하느니, 임이 오시는데 매무시를 소홀히 할 것가. 임이 오시는데 집안을 어질러놓을 것가. 임이 오시는데 음식을 대강 해서 될 것가. 둘도 없는 귀한 임의 마음을 상하게 할 것가. 그래 임을 보믄 얼마나 반갑겠노. 절로 활짝 피어나지. 지 사랑 지가 만드는 거야."

그때도 속으로 '지금 세상에 누가?' 했으니 요즘 젊은이야 오죽하랴. 암튼 임을 모시는 일에는 신발 벗고 뛰어도 울엄니를 따라갈 수가 없었는데 나이 들수록 그 말씀이 부덕에만 있지 않고 사랑이 무엇인지를 깨닫게 하고 있으니 '임'은 어머니로부터 물려받은 무형의 유산이다.

내 안에는 여러 임이 있다. 내가 사랑하는 것이 임이 되었고 그리워하는 것이 임이 되었다. 천주교 신자가 되고나서 하느님과 성모님도 내 임이 되었고 선종하신 김수환 추기경님도 임이 되었다. 먼저 떠난 육친도 멀리 떨어져 사는 친구도 나의 임이다.

여름밤 유성처럼 날던 반딧불이도, 첫새벽 안개 속에 벙그는 백련이며 파도를 가르는 고래 떼의 유영도 내게는 임이다. 「연시무리」라는 수필에서 땡감이 연시가 되기를 기다리는 심정을 "큰애기 임 그리 듯한다."라고 썼는데 올여름 자두가 익기를 기다리는 마음도 꼭 그러하였다.

나는 그리워하기를 좋아하고 사랑하기를 즐긴다. 임이 그리워서, 너무도 그리워서 간절함에 잠기고 나면 마음이 표백된 듯 개운하다. 임 만나기를 기다릴 때 일어나는 설렘은 그것 자체로 얼마나 큰 기쁨인지! 모든 것이 아름답고 부드럽고 따뜻하게 느껴진다.

'임!'이라고 소리 내어 보면 아무리 작은 소리로 말해도 나의 임은 알아듣고 나를 온통 임으로 채운다. 그때마다 나에게 가장 필요한 임이다. 임으로 하여 충전되고 가벼워진 나는 무엇이든 다 사랑할 수 있을 것 같다. 내가 메마르거나 무디어지거나 어두워지지 않도록 더 많이 임을 품고 더 자주 임을 말하련다.

새아기

아기는 부모의 사랑을 먹고 자란다. 젖을 빨거나 뒤집고 기고 일어서고 걷는 동작들을 안간힘을 다해 연습한다. 수없이 많은 실패를 거듭하다가 마침내 첫발자국을 떼었을 때 지구를 들어 올린 것 같은 경이로움과 가슴 벅찬 감사를 생생하게 기억한다. 아기의 배우려는 욕망과 노력의 진지함은 얼마나 감동적이던가.

며느리를 시댁에서는 새아기라고 한다. 친정이 모태라면 모태밖 시댁이라는 낯선 집안에 새로 태어났다는 의미다. 자애롭고 함의적인 호칭이다. 새아기는 성인이며 탯자리를 자신이 선택했다는 것이 아기와 다를 뿐이다.

아이들을 양육할 때처럼 무조건 사랑을 주겠다는 시부모의 의지와 그런 사랑을 부탁한다는 친정부모의 염원이 담긴 것 같다. 시대가 아무리 바뀌어도 며느리는 시댁과 사위는 처가와 일생 동화되고 사랑하고 헌신해야 할 가족공동체이기 때문이다. '새아기'라는 호칭은 고부문화의 이상을 제시하고 있음이다.

새아기에게 시댁은 가풍, 생활습관, 가치관, 문화, 음식, 무엇보다 사람이 낯설 수밖에 없다. 익숙해지기까지는 노력과 시간과 주변의 도움이 필요할 것이다. 핵가족시대라 자주 부대낄 기회도 없으니 집집마다 소통이 문제다. 데면데면 최소한의 도리만 하면서 서로 손님처럼 느낀다면 점점 더 소원해질 것 같다.

어떤 부모도 자기 아이가 어른이기를 요구하지 않는다. 부족함은 감싸주고 자질은 향상시키면서 만족하지 않더라도 칭찬하고 격려하며 양육한다. 아이의 행복을 우선으로 꼽으며 그것이 부모의 행복이라 여긴다.

'새아기'라 부르면서 만능 엔터테이너에다 새아기보다 갑절 이상으로 삶의 경륜을 쌓은 자신들보다 더 훌륭하고 완전하기를 요구하는 것은 맞지 않는다. 시쳇말로 갑질이지 싶다. 사위에게도 마찬가지다.

나는 외며느리였다. 집안 대소사의 부담을 고스란히 떠안았다. 연년생 사내아이 둘을 키운다거나 부엌일을 해본 경험이 없다거나 병약하다거나 하는 것은 배려 받을 이유가 아니었고 시댁 가족들은 며느리니까 당연히 해야 할 일로 여기는 것 같았다.

고달프고 외로웠지만 견뎌내는 것이 남편에 대한 사랑이려니 열심 또 열심 최선을 다했다. 시부모님과 시누이 넷, 시댁이 물이라면 나는 거기 한 방울 똑 떨어진 기름 같았지만 내 표정에 집안의 분위기가 달려있으니 속이 어떻건 내색하지 않았다.

조금씩 결심이 쌓였다. 내 며느리에게 이러지 말아야지. 며느리도 사람이다. 명절 쇠느라 누구 하나 일에 치는 사람이 있다면 그게 무슨 명절인가. 다 같이 즐거워야지. 음식은 먹을 만큼만.

우리 부부 생일은 두 아들내외가 번갈아 부담하며 외식으로 하자. 차례와 제사는 카톡방을 이용, 미리 메뉴를 의논하고 분담하자. 명절 당일 차례를 지내고나면 며느리는 친정에 보내자. 고마워. 잘했네. 장하다. 꼭 표현하자.

'며느리밑씻개'라는 풀은 줄기에 가시가 잔뜩 나 있어서 스치기만 해도 따갑다. 옛날 며느리를 끔찍이 미워하는 시부모가 며느리 뒤 닦을 짚에다 이 풀을 넣어놓았다는 전설이 있다. 고부갈등이 엽기적인 학대로 나타났음이다.

지금은 새아기라는 호칭조차 구시대적이라고 한다지만 고부갈등은 분명 집안의 화목에 암적인 장애다. 시부모든 처부모든 새 자식에 대한 패러다임을 바꾸어 그들의 문화와 자율성을 존중해야 한다.

부모는 아기를 위해 최선을 다한다. 무엇을 좋아하는지 싫어

하는지 건강상태는 어떤지 세심하게 보살피면서 잘 성장할 수 있도록 도와준다. 걱정을 안겨주더라도 믿고 인내하고 기다리면서 아기에게서 인생을 발견하고 행복을 찾는다. 자녀가 둘 셋 늘어나면 한 자녀일 때와는 다른 문제들이 생긴다. 성격도 기질도 닮은 듯 다르니 고려하고 배려해야 하는 경우도 늘어난다. 좋은 부모는 자녀가 아무리 여럿이어도 '아빠, 엄마는 나를 제일로 사랑해.'라는 생각이 들도록 해야 한다지 않는가.

새아기가 둘이 되었다. 100%공평 공개의 원칙을 세우고 있다. 성경에도 있다. 받고 싶은 대로 해주라고. 우리 두 새아기! 사랑스럽고 대견하다. 노력하는 모습이 고마워 감동하기까지 한다.

처음 아들이 여자 친구라며 집에 데리고 왔을 때 커다란 꽃바구니가 들어오는 것 같았다. 강산이 바뀌어도 그 느낌 그대로다. 손자손녀 셋을 앞세우고 두 며느리가 활짝 웃는 모습이 비할 데 없이 어여쁘다.

기적은 있다

그들을 만난 것은 가톨릭교회의 ME(MarriageEncounter)주말에서였다. 내외가 다 이마에 '착한사람'이라고 씌어있는 것 같았다. 마른 몸매에 맑은 목소리도 둘이 비슷하였다. 프로그램에 참여하는 태도도 참가자 중에 단연 모범이었다. 후속 프로그램으로 그 댁을 방문하게 되었다. 정갈하게 정돈된 집안에 아이들 흔적이 없어 의아했다.

그들은 사내커플이었다. 아내는 동생 셋을 데리고 자취를 하면서 공부뒷바라지를 하다가 결혼 후에도 함께 살았다. 직장생활을 계속하면서 동생들 공부시켜 시집 장가보내느라 10여 년 임신을 미루었다. 남편의 사랑과 도움으로 숱한 어려움을 이겨낼 수 있었다.

뜻대로 임신이 되지 않았다. 시험관 시술은 번번이 실패였다.

피로 때문인 것 같아 퇴직을 하고 다시 시술을 해보아도 성공하지 못했다. 몸도 마음도 지칠 대로 지치고 경제적 부담도 힘겨운데다 나이 마흔을 바라보니 불안과 초조도 더해갔다.

하루도 거르지 않고 미사 봉헌하고 기도드리는 것은 물론 양방, 한방, 민방 그야말로 안 해본 노릇이 없었다. 사람들이 불임사정을 알게 되면 둘 중 누구에게 문제가 있을까, 뒤에서 수군거릴 것 같아 아무에게도 속내를 털어놓지 못했다. 누구 잘못도 아니고 죄인은 더더욱 아닌데 둘이서만 터널에 갇혀 있었다.

사연을 듣고 애처로운 마음에 제안을 해보았다. 우선 레지오(Legio Mariae)에 입단, 봉사활동을 하면서 단원들에게 사연을 개방하고 기도를 청하자고. 시술 병원도 바꿔보는 게 어떻겠냐고 했더니 선뜻 그러겠노라 하였다. 순둥이 동생들 같았다. 우리 레지오 단원들에게도 사연을 전하고 함께 기도하기 시작하였다.

그 해 겨울이었다. 레지오 주회 끝에 한 단원이 이런 이야기를 하였다.

"백화점에서 우연히 ○신부님을 만났어. 인사를 하니까 반갑게 악수를 하시더라. 그리고는 내 눈에 당신 눈을 딱 맞추면서 '아들 낳으세요.' 하시는 거야. 얼마나 황당했겠니? '어머, 신부님! 저는 아닌데요.' 했더니 잡은 손에 힘을 꽉 주시면서 '아들 낳으세요.' 하고는 뒤도 안 돌아보고 그냥 가버리시는 거야. 목소리도 워낙 힘이 있어서 꼼짝도 못했어."

다들 하하 호호 웃었다. 그 단원은 막내가 고등학생이고 결혼한 자녀도 없으니 의아할 밖에. 순간 유레카!

"그 아들, 그 부부 주라는 말씀 아니야?"

내 말에 웃음이 싹 가시고 모두 끄덕끄덕.

다음날 그녀를 우리 성당에 오라고 했다. 성체 앞에 셋이 나란히 앉았다. 나와 친구 사이에 그녀를 앉히고 ○신부님 이야기를 했지만 막상 어떻게 해야 '아들 낳으세요.'를 그녀에게 주는 건지 알 수가 없었다. 단지 손 여섯 개를 포개 잡고 십자가에 달리신 그분을 바라볼 뿐이었다. 눈물범벅이었다.

춥고 배가 고팠다. 길 건너 빵집에서 요기를 하며 뜨거운 차를 마셨다. 친구도 나도 스치기만 해도 임신, 산통과 출산, 아주 보통 경험이지만 박사라도 된 양 온갖 것을 일러주었다. 마음이 놓이는 듯 그녀도 많이 웃었다. 모처럼이라 했다. 기도 중에 만나자며 손을 꼭 잡았다.

봄이 기울 즈음 그녀에게서 뉴스특보가 왔다.

"선생님, 저 임신했어요. 의사선생님이 이제 말해도 된다고 해서 제일 먼저 전화 드렸어요."

숨이 가빠오고 더운 김이 몸 안에 확 번져나갔다. 마침내 임산부가 된 그녀의 울먹임이 전해왔다. 청원기도를 하던 이들이 소식을 듣고 감사기도를 드리기 시작했다. 그녀 성당에서는 축하가 쏟아지고 삼촌 이모 지원자들이 줄을 선 모양이었다.

여름에 그녀에게서 전화가 왔다.

"쌍둥이래요. 한꺼번에 주시네요."

새해 며칠 후, 폭설로 천지가 새하얀 아침이었다. 그녀가 아들 딸 쌍둥이를 출산했단다. 한달음에 병원으로 뛰어갔다. 새 생명! 둘이 나란히 나란히 숨을 쉬는 저 신비! 전율이 정수리에서 발끝으로 관통했다. 마침내 엄마가 된, 아빠가 된 그들에게서 마냥 기쁨이 넘쳐났다. 기적이 실감났다.

"성탄 전야미사에 가고 싶어 못 견디겠는 거예요. 신부님이 노약자나 임산부는 참으라고 하셨는데도. 이이를 붙들고 조심조심 갔더니 신부님이 깜짝 놀라시면서 엄마는 안 보이고 남산만 보이네, 하시더라고요. 제대로 앉을 수가 없어 간신히 미사를 드리는데 너무너무 충만했어요."

그녀는 여전히 충만해 보였다.

남매는 건강하게 자라서 지금은 청소년이다. 그들을 생각할 때마다 로마서 8장 28절이 떠오른다. '하느님을 사랑하는 이들, 그분의 계획에 따라 부르심을 받은 이들에게는 모든 것이 함께 작용하여 선을 이룬다는 것을 우리는 압니다.' 과연 그러하였다.

*레지오(Legio Mariae): 가톨릭교회의 봉사단체

7월이 오면

7월이 오면 날마다 첫 전차를 탔다. 동래 온천장은 전차 종점이었고 우리 집은 금강원 망미루 위쪽에 있었다. 희붐한 새벽, 아직 가로등 불빛이 누워있는 길은 비어있어 더 넓어 보였다. 부지런한 새들이 길바닥의 먹이를 쪼다가 나를 보면 종종종 비켜주었다. 금정산을 깨우는 사내의 기합소리가 불끈거리는 근육처럼 내 등을 밀었다.

종점이라 전차는 앞뒷문을 다 열어놓고 서 있었다. 시간이 되면 제복을 입은 차장이 뒷문으로 탔다. 나에게 약간 알은체 하시고 나는 엉거주춤 엉덩이를 들고 목례를 하였다. 땡! 땡! 땡! 종을 치고 아저씨는 전차를 출발시켰다. 작고 경쾌한 종소리를 신호로 커다란 무쇠바퀴들이 순순히 첫발을 내딛었다. 첫 소리는 무겁고 힘겹지만 곧 규칙적인 소리를 내며 전차는 빠르면서도 서둘지 않고 점잖게 달렸다.

내 자리는 정해놓고 맨 앞이었고 자갈치 아지매가 싸릿개비로 엮은 두레상만한 채반을 들고 옆에 앉으셨다. 아지매는 공납금이 얼마냐, 교복이 얼마냐, 공부 잘 하냐, 자주 무엇인가를 물으셨다. 교복과는 딴판으로 엉뚱한 역에서 내리는 것도 궁금해 하셨다. 나는 그냥 연지를 가리키며 미소 질 따름이었다.

동래역 부근 전찻길 오른쪽은 연지였다. 동살 전부터 하마 환하고 한량없이 넓었다. 쟁반 같은 이파리들은 까치발로 목을 세운 꽃을 모시고 바람결대로 조신하게 일렁거렸다. 낮은 데로 모여 구슬이 된 이슬이며 손톱만한 청개구리도 눈이 또록또록 연잎을 타고 놀았다. 생기가 넘쳤다.

홀린 듯이 밭둑을 따라 걷노라면 볼이며 팔뚝 솜털에 안개가 맺혔다. 아련한 향기를 날리며 바람은 속속들이 연지를 누볐다. 연꽃은 이파리 위에 좌정한 동자승들 같았다. 누가 있어 그보다 더 맑은 흰빛을, 그보다 더 신비한 분홍빛을 한 장의 꽃잎에 피워낼 수 있을까. 온 가슴으로 꽃을 느끼며 고요에 들면 내 안에 품고 있는 얼굴이 거기 피어나는 것이었다.

석굴암 부처님이다. 11살 즈음 장티푸스를 호되게 앓았다. 수학여행 때 담임선생님은 겨우 걷는 나를 기어코 데리고 가겠다며 부모님의 허락을 얻었다. 선생님 등에 업혀 석굴암에 갔다. 방아깨비처럼 가볍다 하셨다. 뛰다 걷다 헉헉대는 친구들에게 미안해서 나붓 엎드려 숨죽였다. 날마다 뜨는 해를 여기서 굳이 봐야 하는 이유를 몰랐다.

바다 먼 끝에서 해가 올라왔다. 바다가 반짝거리며 발개지고 해는 가볍게 계속 하늘로 올라갔다. 굴 안에 어마어마하게 큰 돌부처가 높다랗게 앉아 있었다. 무릎께에서 오동통한 손을 지나 위로 올라가던 눈길이 부처와 딱 마주쳤다. 부처는 진즉에 날 보고 계셨던 것이다. 오줌을 지릴 것 같았다. 이마에 동그란 구멍이 있는 부처가 웃었다. 우리 연순이 왔구나.

연지는 별천지였다. 방학이면 느긋하게 거닐다가 서면 시립도서관에 가는 게 일과였다. 환한 꽃과 하얀 교복과 무량한 미소만 세상의 전부였다. 별천지도 오래가지는 않았다. 삼복을 견디고 태풍이 몇 번 할퀴고 더위가 꺾일 즈음이면 연지는 처연했다. 꽃은 알알이 연밥을 품고 잎은 볼품없이 시들고 줄기는 꺾여 쓰러졌다.

차창 밖으로 뚫어져라 계절을 보았다. 소녀에게서 여름이 떠나갔다. 풋가슴 한가득 씨앗을 놓고 갔다. 얼마나 더 여름을 겪어야 뻘 깊은 데서 움이 터 그리 환한 꽃이 피는지, 나를 벗어 누구 보듬어줄 그런 미소마저 피는지 나는 아직 알지 못한다.

세상에서 제일 쉬이 상하는 것

친구가 부부싸움 이야기를 쏟아 놓는 중인데 그녀의 남편에게서 전화가 왔다. 퇴근길에 이리 올 테니 같이 집에 가잔다. 친구는 '자존심이 있지'라며 뻗댄다. 샐쭉 더 열을 낸다.

"그것도 모르냐, 좀 배워라 배워. 창피하지도 않아?"

"당신은 뭐, 애들 비하면 미개인이면서. 잘난 척하기는."

반컴맹과 컴맹의 접전이었단다. 그들의 자존심대결은 보나마나 시간에 기대어 슬그머니 막을 내릴 것이었다.

부부동반 해외여행을 다녀 온 지인도 자존심타령이다. 여행지에서 일행들과 저녁을 먹으면서 뜨거운 밤 운운 한창 이야기꽃을 피웠더란다. 그러다 지인이 자기 남편을 두고 '이 양반은 별로…….' 도리질을 한 것이 화근이었다. 호텔방에서 눈도 안 마주치더니 돌아와서도 냉전중이다. 여러 사람 앞에서 뭉개진 남자 자존심을 무슨 수로 살려낼 수 있을까. 그녀의 실수다. 그럼에도 그녀는 자기가 뭐 없는 말했냐며 그가 열등감 때문에 꼬장을 부린다고 우겼다.

'자존심이 상해서.' 그런 말 자주 듣는다. 출세한 친구 거들먹거리는 꼴이 보기 싫어 동창회에 안 간다는 이도, 승진에 탈락하고 사표 쓴 월급쟁이도, 자기를 뭐로 보느냐면서 화를 내는 성직자도, SKY가 아니라고 아들이 다니는 대학교 이름을 모른다고 하는 어머니도, 생일잔치에 초대한 친구가 오지 않았다며 절교선언을 하는 초등생도 자존심이 상해서라고 했다.

나는 기계치(機械痴), 길치, 수치, 기억력도 신통찮다. 운전은 하지만 자동차 보닛 속은 깜깜이다. 몇 번 만난 사람도, 서너 번 가 본 길도 도무지 미궁이어서 번번이 실수를 한다. 전화번호도 어렴풋하고 여러 사람 앞에서 노래를 불러야 할 때는 머릿속에 백지 화면만 떠오른다. 그럴 때 그의 눈이 하는 말을 모르지 않지만 그냥 넘어간다.

운전 경력 수십 년에 무사고 무딱지인 나에게 자잘한 전과가 있는 그가 참견한다.

"깜빡이 넣고."

"미리 차선 바꿔야지."

로봇이 된 것 같다.

명절에 시누이들이랑 고스톱 칠 때도 그렇다. 내가 꼭꼭 짚어가며 1, 2, 3 세는데 컴퓨터인 그가 돈 계산까지 끝내버린다. 기껏 열 안팎 계산이 나에게는 만만찮은데 그는 한 술 더 뜬다.

"구멍가게 차렸으면 다 들어먹었을 거야. 그게 아니라 그걸 냈어야지. 그럼 더 크게…… 끌끌."

댁이나 잘하세요, 해봐도 속은 소금 맞은 미꾸라지 꼴이다.

자존심은 상대적이어서 때에 따라 다르게 반응한다. 같은 말이라도 농담이려니 웃어넘기기도 하지만 더러는 깊은 상처로 남아 오래 앓기도 한다. 자존심은 민감하고 변덕스러워 귀찮고 성가신 경우도 자주 있다.

가끔 자존심 대결이 벌어진다. 그는 말로 화를 풀고 나는 나를 지긋이 바라보면서 속을 끓여 삭히는 편이라 시간이 필요하다. 그가 옹고집으로 보인다. 성격차이를 실감한다.

자존심을 단련시킬 수는 없을까? 중심을 잡자. 정말 내가 지켜야 할 자존심만 곧추 세우자. 숨죽이고 있던 자존감이 자존심을 달래기 시작한다. 남자와 여자, 서로 다른 입장과 성격, 가치관 등등 헤아리다 보면 이해 못할 게 없다.

자존심 까짓 거, 지는 것이 이기는 것이려니 먼저 백기를 들자. 지나고 보면 거의 같은 패턴의 반복이다. 그런데 백기를 내리는 순간 바로 그 백기 때문에 자존심이 또 상한다. 왜 나만 번번이? 얄궂다 차암~, 하다가 웃고 만다.

초딩 가을소풍 때였다. 놀다보니 옷이며 머리카락에 도깨비바늘이 들러붙었다. 꼼짝없는 포로 신세였다. 친구들이 뜯어주는데 왠지 외롭고 지루했다. 할 수만 있다면 옷을 벗어서 던져버리고 싶었다. 마지막 하나를 떼어내는 순간 철조망을 빠져 나온 기분이었다.

자존심으로부터 자유로워지고 싶다. 자존심이라는 것은 열등감, 우월감, 이기심, 아집, 오기, 자만 같은 것들의 위장이 아닐까. 그 따위에 번번이 휘둘리는 나는 바보이거나 자신에 대해 무책임하거나 아무튼 지혜로운 사람은 아닌 것 같다. 진정한 자존심은 끝내 사랑이어야 하는 것을. 신은 늘 선택할 자유를 주신다.

늙은 우정

그가 난감한 일이 생겼다고 해서 같이 차를 마셨다. 그가 이야기 했다.

우리 다섯 남자는 반세기 넘은 친구죠. 어깨동무 하고 골목을 휩쓸고 하늘 뚫어져라 고함치며 소년시절을 함께했어요. 청년의 패기도 더불어 만끽했고 결혼하고 신혼 재미 뽐내면서 아내들은 다 '제수씨'로 통일했지요.

지금은 사회가 인정하는 공식적 노인이 됐네요. 지하철을 공짜로 타는 속절없는 서글픔도 겨운데 한 친구가 차 사고로 갑자기 세상을 떴어요. 졸지에 조문객이 된 우리 넷은 가해자를 규탄하며 술잔마다 슬픔을, 상실감을, 알 수 없는 불안과 초조를 타서 마시고 많이 취했습니다.

그런데 한 달 만에 또 한 친구가 뒤따라 간 겁니다. 잘 뛰던 심장이 딸꾹질 서너 번으로 멈춰버렸다는 겁니다. 남은 셋은 허망함과 우울에 휩싸였습니다.

어디 죽을 나이인가. 이런 발칙한 저승사자가 있나. 자존심은 더 시퍼렇고 체력 또한 큰소리 칠만 하지 않은가. 세상이 우리를 밀어내는 거지. 정치 경제 사회 다 우리한테 물어봐. 병신 같은 놈들! 셋은 세상 경영을 안주삼아 밤 깊도록 취했고 먼저 간 놈들 몫까지 해서 더 자주 얼굴 보자고 술잔을 치켜들고 결의를 다졌어요.

그럼, 그럼! 취할수록 우정이 더 돈독해지는 듯했고 술값 또한 우정으로 계산될 거 아닙니까? 기분이 한껏 달아올랐어요. 나는 원래 눈물 많고 장난기로는 여태 소년을 벗지 못했지요. 미숙아지요. 그 친구에게 불쑥 말해버렸어요.

"니가 죽고 그 놈이 살아야 되는 긴데."

"뭐, 뭐라꼬?"

다시는 안 본다는 말을 패대기치고 선불 맞은 친구가 뛰쳐나갔어요. 아마 그 친구, 잠자리에 들어서도 황당하고 괘씸해서, 외롭고 허망해서 뜬눈이었을 겁니다. 아내에게 이르자니 씹은 벌레 다시 씹기도 싫을뿐더러 아내마저 유감을 먹는 것은 바라는 바가 아니었을 테고요.

젊어서 그런 말을 들었다면 '니나 죽어라. 임마! 나는 안 죽을란다.' 되받아주고 허허 웃고 말 일이지만 영판 똥친 막대기

기분이었을 것 같아요. 악의가 없는 줄 알면서도 부러 악담으로 오해를 고집하는지도 모르죠.

그는 친구 상한 속을 본 듯이 그려낸다.

황당하기로는 나도 마찬가집니다. 이놈의 장난기는 어째 늙지도 않아요. 실은 '내가 죽고 그놈아가 살아야 되는데.'라고, 생각은 그리 했는데 입이 미친 거예요. 그래도 짜릿하긴 합디다. 친구 골려먹는 재미없으면 인생 무슨 맛에 사나요? 내 맘을 그리도 모르는지, 그걸 꼭 미안하다는 말을 들어야 하는지.

이 양반 되레 어깃장을 부린다. 역시 그답다는 생각에 싱끗했다. 그도 싱끗한다. 태어나서 지금껏 누구에게도 '잘못했다'는 말을 한 적이 없는 위인이다. 딱히 잘못이 없다는 생각을 해서가 아니라 그냥 그 말이 죽어도 하기 싫었단다.

그래서 어머니 화를 돋우고 숱하게 매를 벌었다는 이야기를 영웅담처럼 들려주지 않던가. 어머니의 추궁이 폭발할 때 살아남는 길은 줄행랑 뿐, 어머니는 빗자루를 들고 번번이 동네를 뛰었지만 성공한 적이 없으셨다. 친구들은 그의 깡다구에 혀를 내두르면서도 왠지 그래서 더 좋아하는 것 같았다.

한 친구가 두 친구를 화해시키려고 자리를 만들었다. 셋은 나름의 체증을 안고 마주앉았다. 자리를 만든 친구가 꽤나 준비한 듯 입을 열었다.

근자에 아내를 잃은 지인이 두 딸을 마주하고 주거니 받거니

거나해져서 '억울하다. 네 엄마를 잃기보다 너희 자매를 잃는 것이 나았겠다.' 했단다. 그렇다고 두 딸이 아빠가 엄마를 무지 사랑했구나, 이해하기가 그리 쉬운 일이겠는가. 술의 발광은 때를 가리지 않는 약점이 있는 것이 분명하다며 운을 떼었다.

자기가 꼭 그 애비 꼴이라는 생각이 들었다. 망발한 자기가 입을 열었다.

"실은…."

그런데 말이 이어지지 않았다. 굳이 말을 하려니 사족 같고 스멀거렸다. 선불 맞은 친구는 '일이 순서가 있지. 바람이 불어야 배가 가지.' 하며 기다리는 것 같았다. 그때 화해 맡은 친구가 잔을 들었다.

"어이! 자 자, 잔 한 번 부딪히고 말자. 아, 바커스여! 친구여!"

그러나 세 개의 술잔이 맥없이 내려지고 말았단다.

우정이 세월에 비례하지 않는다 해도 세월만큼 서로 익숙해지는 것은 사실이다. 때로 그 익숙함 때문에 방심하거나 무례를 범하기도 한다. 그러고도 치기 반 고집 반 '믿거라' 버티기도 하는 것이다. 하지만 우정은 끊는 것이 아니라 푸는 것임을 나이 든 우정이 모를 리 없다. 우정도 켜 보면 나이테가 있어 더 아름답지 않을까.

나는 새벽 연지 풍경을 이야기하였다.

"연 잎에 내린 이슬이 모여 구슬이 되기도 하지만 구슬을 잃지 않으려 서로 받들던데요. 바람을 타는 구슬이나 그걸 떨어뜨리지 않으려고 안간힘을 쓰는 이파리나 어름사니처럼 간절해 보입디다. 휙 한 바람에 구슬이 쏟아지는 걸 보면서 세상사 덧없구나 싶더라고요."

끄덕끄덕 하긴 했는데 그 뒷 소식은 아직 모른다.

우리 이모

이모가 내 방에서 임종하시고 장례 치른 지 7일 만이었다. 새로 도배를 하고 다시 내 물건들을, 이부자리까지 옮겼다. 도배를 함으로써 이모의 흔적을 지우고 다락살이를 시킨 미안 땜도 하시려는 엄마의 생각이 빗나간 것 같았다. 이모의 혼이 방에 꽉 차있는 것 같아 무서웠다. 이모는 내 머리 속에 있었으므로 도배는 미봉책에 불과했다.

이모의 흔적이란 애초에 없었다. 구급차에 실려 와서 한 달여 이승과 저승을 오가다 영구차를 타고 떠나셨으므로 삶의 흔적을 남길 처지가 아니었고 이모에게 소용되던 물건은 깨끗이 태워 없앴다. 그러니 나는 무섬증의 원인이 장판 탓이려니 했다. 콩댐이 잘 되고 길이 잘 났다면서 장판은 그대로 두라던 엄마가 원망스러웠다. 장판을 새로 했으면 구들장 탓이라도 했을 게다.

엄마가 무섬증 없어질 때까지 함께 자 주겠노라, 베개를 들고 오셨다. 이모 계시던 자리에 누워서 '전설 따라 삼천리' 이모 이야기를 해주셨다.

"이모는 아들 없는 네 외가에 맏이잖아. 네 외조부께서 아예 아들처럼 키우리라 작정하셨던 거야. 일제강점기 때 엄마하고 같은 여고를 졸업했으니 신여성이지."

"여학교 연극할 때 찍은 이모 사진 완전 배우 같아. 약간 삐딱하게 회색 중절모 쓰고 검정 뿔테 안경에 멋스러운 쥘부채까지. 남자 주인공이었던가 봐."

"공부는 내가 좀 나았어. 소프트볼은 이모가 낫고. 중매결혼을 했는데 금슬이 좋았어. 이모부는 보성전문 나왔잖아. 둘이 차리고 나서면 다 쳐다볼 정도였어."

엄마가 한숨을 포옥 그리움을 토하셨다.

"근데 애기가 안 생겨. 이모부는 내색을 안 해도 가문에 죄인이지. 이모가 워낙 대범한 데가 있어. 직접 백방으로 처녀를 구해서 혼인을 시키더라. 집이 워낙 컸어."

"나도 알아. 마당 가운데 연못 있고 정자꽃도 피고."

"그래. 안방에 신방을 차려주고 이모는 문간채 방으로 나 앉은 거야. 세상에 술 담배라곤 모르던 양반이 그날 밤새도록 줄담배를 피우고 술을 마시고 인사불성이 됐대. 알만하지. 마당 건너에 남편을 내주었으니……."

"이모 인생에 가시가 박히기 시작했네."

"작은댁은 숨풍숨풍 아들 둘, 딸 둘 잘도 낳더라. 등 너머 문전옥답이 딸린 삼간 집으로 살림을 나셨지. 평생 그 집에 혼자 사신 거야."

"그 집 두툼한 갈대 지붕이었지. 뒤란에 대밭도 감나무도 있고 부엌 옆에 장독대 그 아래 우물, 댓돌아래 마당, 왼편에 텃밭, 건넌방 앞에 파초가 무더기로 시퍼래 가지고 서그렁서그렁 바람을 마구 썰어댔어. 해바라기, 봉숭아, 장다리, 과꽃 완전 꽃대궐이었어."

"날마다 노을녘이면 으흠, 하시며 대문을 들어서시던 이모부가 쉰이 안 돼서 돌아가시고는 더 외로웠지. 폐결핵이셨대. 그때부터 자꾸 너 다섯째 오라비를 양자 달라는 거야. 나는 팔남매나 되지 않냐고. 그건 아니지."

"이모표 된장찌개. 나만 알 걸. 뚝배기에 계란 톡 깨 넣고 목구멍만 넘기면 다 똑같대."

"원래 남자 같아서 그래."

"가을에 새 쫓는 거 해봤어. 빈 깡통에 살굿돌 넣어서 새끼줄 매달아가지고 대문에서 논까지 죽 쳐놓는 거야. 새끼줄을 당기면 깡통소리에 참새들이 기겁을 하고 햇빛이 금가루가 되는 것 같았어."

"작은댁 아들이 이모를, 그러니까 제 큰어머니지. 모시고 살겠다고 그 집으로 들어온 뒤로 이태쯤 뜸했지. 그런데 밤중에 시골 이장이 우리 집에 찾아 왔잖아. 이모 위독하다고. 글쎄 냉방에서 겨우 숨만 붙어있어. 세간이고 재산이고 다 없어졌어. 그때같이 분하고 원통할라. 큰 병원에 갔더니 영양실조에 천식이래. 얼마 못 사신다고, 우리 집으로 모시고 왔지. 갈 데가 어디 있어. 한 달이나 내 수발 받고 편안하게 가셨으니…."

"방학 때 내가 뛰어다니면 사람 사는 집 같대. 내 손톱에 봉숭아물 들여놓고 두 손을 포개서 꼭 쥐고 계셨어. 왠지 슬펐어. 짚불에 석쇠 뒤집어가며 갈치를 구워. 재를 털어서 접시에 놓아줄 때 이모 얼굴, 접시꽃 같았어. '오목오목 잘도 먹네.' 좋아서 좋아서……. 선해."

"그래, 좋은데 가셨을 거야. 재도 제사도 다 절에 부쳤어. 지내줄 사람도 없고."

잠이 깼다. 아침이었다. 무섬증은 깨끗이 사라지고 이모 이전처럼 밝은 기분이었다.

생활 테러

하늘은 비를 얼마나 쟁여놓았는지 달포 넘도록 퍼붓고 또 집중호우다. 혜화동로터리 인도를 걷는데 승용차가 물벼락을 치고 간다. 가슴 아래로는 흠씬 젖어버렸다.

낭패감에 울분이 치민다. 통째 세탁기에 들어가 말리기까지 해서 나오고 싶다. 젖은 채로 견디자니 모임에 집중이 안 된다. 속도를 조금만 줄였어도, 나는 그러지 말아야지, 생각이 꼬리를 문다.

이런 날벼락이 처음 아니다. 여고 졸업 기념으로 어머니께서 큰 맘 잡숫고 종로 유명 양장점에서 외투를 맞추어 주셨다. 옅은 카멜베이지 색으로 보통 '빠이루(Pile)'라고 부르는 천이었다. 디자이너 노라노 선생님이 새외투를 입혀주면서 정말 멋지다고, 그냥 입고가라고 권하는 바람에 으쓱한 기분으로 거리에 나섰다.

눈이 녹아 거리는 시커먼 진창이었다. 택시를 잡으려고 서 있는데 자가용이 지나가면서 사정없이 진창을 튀겼다. 수류탄이 터진들 그리 놀랄까. 가까이 있던 사람들이 모두 비명을 지르고 욕지거리를 해댔다. 차는 사라지고 없었다. 세탁소 아저씨가 기술을 다 해봐도 얼룩은 달마시앙 점박이로 남았다. 10여분이나 입었을까. 미처 사랑도 못해보았지만 그 색깔, 촉감, 디자인, 거울 속의 내 모습, 다 또렷하다.

거위털 반코트가 처음 선보인 겨울이었다. 꽤 비싸서 벼르다가 백화점 세일에서 남편에게 그걸 입혀보았다. '이리 보아라. 앞태를 보자. 저리 보아라. 뒷태를 보자.' 이도령이 춘향이 얼러대 듯 죽이 잘 맞았지만 계산할 때는 역시 뜨끔했다.

그걸 입고 '동장군 까짓 거, 문제없다'면서 어깨를 펴고 버스를 탔다. 아파트 입구에서 붕어빵을 사려고 하는데 새하얀 깃털이 붕어빵에 내려앉았다. 뒤에 계시던 아주머니가 말했다.

"저기, 옷에서 털이 자꾸 빠지는데요."

얼굴에 무언가 간질거려서 떼어내던 중이었다. 등판에 담뱃불 구멍이 나있고 그리로 털이 삐져나와 날고 있었다. 박음질한 한 칸이 홀쭉해져 있었다. 눈물이 찔끔 마음이 쓰라렸다.

버스에서 사람들 눈총에도 아랑곳없이 담배를 피우던 그 사람. 실수는 아닌 것 같았다. 백화점에 물었더니 복구불능. 털을 채워 넣을 수도, 구멍을 기울 재간도 없었다. 억하심정을 품었다.

길에서 담배 피우는 사람이 싫다. 담배냄새가 느껴지면 숨을 멈추고 후다닥 지나간다. 담배연기가 얼굴에 스멀거리면 구정물을 뒤집어 쓴 것 같다. 무심코 담배냄새를 들이마셨을 때는 역겹고 머리가 띵하고 현기증이 난다. 참아낼 수밖에 없는 무력감이 피로를 더한다. '이보세욧!' 충동을 간신히 참는다. 봉변을 당할 것 같아 겁이 나서다. 콧구멍도 내 맘대로 개폐식이면 좋으련만.

길거리는 흡연자들의 해방구처럼 보인다. 꽁초 한 개의 니코틴 냄새가 온 집안에 배는 것을 보면 아무데나 마구 버려진 무수한 꽁초들은 도시를 악취로 채우는 원인일 수도 있지 않은가. 공공의 적인 셈이다. 음주에 주도가 있듯이 흡연자도 흡연예절을 지켜주면 오죽 좋으랴.

이런 일들을 생활 속의 테러라고 생각하는 것은 나만의 비약일까. 의도적이든 아니든 간에 피해자 입장에서는 테러 당한 기분이다. 타인에게 폐를 끼치지 않는 사회, 생활테러 없는 세상을 꿈꾼다.

금강원

금정산의 동쪽 아랫자락을 금강원이라 하였다. 아름드리 훤칠한 소나무들 속에서 새들이 만판 저들 세상으로 살았다. 꺼칠꺼칠 거무스레 듬직한 바위들이 계곡을 이루기도 하고 오브제처럼 군데군데 자리를 잡고 있었다. 더하여 산바람은 우우 바리톤 소리를, 태풍이 불면 위이잉 가성을 질러대었다.

진달래가 피면 부산 사람은 다 한 번은 금강원에 오는 것 같았다. 색이 유난히 고운 금강원 진달래는 소나무와 바위를 배경으로 피어나 품격마저 갖추었으니 그 풍경을 안 보고 어찌 부산의 봄을 말하겠는가.

상춘객들은 종일 봄을 품었다. 해가 기울 무렵 학교에서 집으로 가다보면 하산하는 상춘객들과 마주치기 마련인데 망미루 길 가득 새까만 머리들이 일렁거렸다. 어지럼증이 날 정도였다.

나는 길옆으로 바싹 붙어서 땅만 보고 걸었다.

"해 다진 데 여학생이 공원에 왜 가노? 데끼!"

역한 술 냄새를 터트리며 이죽대는 농지거리쯤이야 못들은 척 걸음을 재촉했다. 봄은 그리 길지 않았다.

송홧가루가 온 산에 분분할 즈음 할머니가 치매에 걸리셨다. 아폴로호가 달에 착륙, 닐 암스트롱이 첫 발 딛는 것을 보시고 나더러 꼭 달나라에 가보라 하시던 할머니셨다.

빨래가 엄청 많아졌다. 아버지는 두레박질을 하시고 어머니는 빨래를 하셨다. 빨랫줄을 더 매고 간짓대를 세웠다. 마당 가득 빨래가 펄럭였다. 한나절 지나면 송홧가루가 노랗게 앉아서 어머니는 빡빡 소리가 나도록 털고 또 털었다.

장마에 계곡물이 철철 넘쳤다. 어두워지고 인적이 끊어지면 어머니는 빨래 다라이를 이고 계곡에 올라가셨다. 물이 좋아서 빨래가 암만 많아도 일도 아니라고 하셨다. 비누칠을 해주시면 나는 헹구었다. 물살이 빨래를 들썩였다. 빨래가 끝나면 옷을 홀랑 벗고 '우리 자리'에 쪼그리고 앉았다. 맞춤한 폭포가 어깨를 두드려 주었다. 어머니와 나는 아무도 '우리 자리'를 모를 거라고 믿었다. 해방감이 어머니의 고단함을 조금 들어내는 것 같았다.

장마에 자란 이끼가 계곡에 쓰러져있는 고사목을 초록으로 덮었다. 장마는 그렇게 은덕을 베풀다가 뙤약볕 여름에게 밀려

났다. 매미가 고래고래 산의 소리들을 깔아뭉갰다. 하루가 다르게 물이 줄어 종알종알 하다가 소리마저 잃고 계곡물은 마르기를 기다리는 손수건 같았다.

소나기가 퍼부으면 빗소리가 산을 채웠다. 나는 부러 빗속에 있었다. 소나무에서 간결하고 경쾌한 빗소리가 났다. 빈 산에서 혼자 맘껏 비를 맞아 본 사람은 안다. 얼마나 통쾌한지. 금강원 맨 윗집이라 다른 사람 눈에 띄지 않고 집에 쏙 들어갈 수 있었다. 아니면 이상한 소문이 났을지도 모른다.

금강원 너럭바위 자락이 멍석만큼 뒷마당에 뻗쳐 있었다. 옆에 소나무 세 그루가 있었다. 안으면 손목이 잡혔지만 키는 멀대같았다. 아버지는 사다리를 놓고 지붕이나 빗물홈통에 쌓인 솔잎을 쓸어내곤 하셨다. 다락에 엎드려 턱을 괴고 봉창으로 내다보면 공원은 액자 속 풍경화 같았다. 바람이 보이고 산의 소리가 들렸다. 밤낮 잠시도 멈추지 않는 변화무상한 소리였다.

집 뒤로 부산대학교 가는 길에 한증막이 있었다. 황토막에 청솔가지를 쌓고 불을 지피면 타닥 딱 딱 소리를 내며 탔다. 시간 맞춰 화부가 벌건 숯을 끌어내어 입구 한쪽에 펴고 토막 안에 마대를 깔고 물을 뿌렸다.

사람들은 아주까리 잎을 여러 장 포개서 정수리에 얹고 마대를 두르고 들어가서 웅크리고 앉아 최대한 견뎌냈다. 나도 그랬다. 땀이 줄줄 숨이 찼다. 바람을 쐬면 몸의 세포들이 기지개를 켜는 것 같았다. 뜨거운 옹심이 미역국을 후후 불어가며 먹었다. 체육시간에 삐끗한 허리가 사흘 만에 나았다.

만추였다. 여섯 달을 아기처럼 사시던 할머니가 돌아가셨다. '할머니! 학교 다녀오겠습니다.' 인사에 헤벌쭉, 그 모습이 마지막이셨다. 아침에 갑자기 목욕을 시켜 달라 하시더니 뭘 아셨을까.

마당에서 발인제를 올리고 꽃상여는 집을 나섰다. 요령을 흔들며 만가를 부르는 선소리꾼이 앞서고 펄럭이는 만장들이 가고 굴건제복에 대나무지팡이를 짚은 상주들이 따르고 집안의 아녀자들과 아이들이 뒤를 이었다. 망미루 아래에서 노제를 지내고 둘러선 이들에게 음식을 나누어 드렸다. 보살님이 가신다면서 동네 어르신들이 관세음보살을 염하면서 자꾸 절을 하셨다.

금강원은 시시각각 아름다웠다. 소녀를 쉬게 하고 깊게 하고 채워주었다. 나에게는 우주 같은 정원이었다.

달의 음성

정월 대보름이다. 달맞이를 하러 동쪽 바닷가에 나갔다. 남반구인 뉴질랜드는 한여름이라 저녁을 먹고 나왔는데도 햇빛이 눈부시다. 색안경을 끼고 신발을 들고 백사장을 걷는다. 바람이 제법이어도 파도는 얌전하다. 볕에 달구어진 모래가 발바닥을 간질인다. 산책하는 사람들, 웃고 소리치는 아이들, 앞서거니 뒤서거니 주인을 따르는 개들, 서핑보드를 옆구리에 끼고 가는 슈트 차림의 젊은이들, 그림자가 길어서 더 한가롭다.

수평선이 보이는 벤치에 앉는다. 바다는 여일한 리듬으로 파도를 일구고 시간이 흐를수록 백사장은 비어간다. 등 뒤로 해가 넘어갔는지 한기가 든다. 그가 차에 가서 윈드 포스를 가지고 와서 어깨에 걸쳐준다. 혼자라면 어떨까. 그는 무슨 생각을 할까. 왠지 둘이 비슷한 생각을 하고 있을 것 같다. 몇 번이나 여기를 더 올 수 있으려나 한 것이 벌써 십여 년이다. 오늘도 그 생각이 든다. 온 것만큼 더 오기는 어렵지 않을까. 이 시간이 소중하고 감사하다.

수평선이 붉어진다. 20시 48분. 붉은 이마가 수평선에 도드라진다. 아, 저 요염한 입술, 어깨. 허리가 수평선에 언뜻 겹치는가 싶더니 아랫도리가 대칭을 이룬다. 모든 이에게 평화를 주며 한 몸에 숭배를 받는 당당함으로 달은 수평선을 딛고 힘차게 도약한다. 잉걸덩어리 속에 불이 이글거린다. 붉은 빛의 자락이 수평선에서 해안가로 펼쳐진다. 억만 개의 구슬이 물결에 흔들린다. 너무, 너무 커서 달이 바다로 미끄러져버릴 것 같다.

달은 수평선을 떠나 하늘로 올라가는 중이다. 더 채울 게 없을 듯 완전하다. 그래도 외로움은 어쩔 수 없는 듯 언뜻 잿가루가 보인다. 금빛 파도가 왈츠처럼 온다. 푸훗! 그래, 왈츠! 왈츠와 자전거 타기는 나에게 '신포도'다. 왈츠는 여간해서 몸에 익지 않고 자전거는 다칠까 겁이 난다. 그가 아쉬워하는 종목이다. 역광 속에 먼 데 배 한 척이 소품처럼 보인다. 거기 앉아 밤을 지새우고 싶은 마음을 이끌고 집으로 돌아왔다.

블라인드를 내리지 않고 그냥 달이 펼친 홑이불 속으로 들어가 눕는다. 달이 속삭인다.

"그냥… 잘 거니?"

설운 음성이다. 윗도리를 걸치고 뜰로 나선다. 푸른빛에 사로

잡힌다. 달은 홀로 제 몸을 태워 잉걸을 마구 쏟아내고 있다. 한 방울의 온기도 아낌없이 그리고 스러질 때까지 다 태우기로 작심한 모양이다. 몸피가 줄고 잉걸이 재가 되어도 기어코 어둠을 물리치려는 몸짓이다. 사랑이리라. 어둠도 농도를 잃고 묽어졌다. 어둠이 빛을 이길 수 없음이다.

"여태 못 보는구나. 에미를 잊었나?"

"그럴 리가요. 다들 어머니 그리워하면서 살아요."

"오늘 같은 날은……."

"살기 바쁘니까요."

널따란 두레상이 펼쳐지고 어머니 음성이 들리는 듯하다.

"오너라. 밥 먹자."

둘러앉아 밥을 먹던 가족들이 삼삼하다. 그 때는 활력이 방 안 가득이었다. 어머니의 밥상은 깊고 따뜻했다. 유기그릇에 부딪는 수저소리, 김치 씹는 소리, 국물 넘기는 소리, 이야기 소리, 웃는 소리, 그리고 음식냄새가 어우러져졌다. 입가심으로 숭늉을 마시면 식사 끝.

밥상은 가족이고 가족은 한 덩어리 사랑으로 서로에게 마음을 걸었다. 지금은 어디에서 무얼 할까. 다시 그렇게 밥을 먹기는 영영 글렀다. 이 밤 저마다 달의 음성에 귀를 기울이며 회한의 눈물을 흘릴지도 모른다. 누군가는 빈 젖을 빨며 허기를 달래기도 할 것이다.

어머니가 달이 된 그 나이가 되었음에도 나는 어머니의 깊은 속내를 헤아릴 수가 없다. 달은 과묵하고 나는 여전히 귀가 먹었다. 후박나무 그림자가 바람에 일렁인다. 옹송그리는 내 모습이 작아 보인다. 하늘도 땅도 썰렁하다. 달이 하얗게 바래며 서편으로 기운다. 하릴없다.

떠나서 그리운 정은 떠나 본 사람만 알 터이다. 세수를 하고 거울을 본다. 몸은 이울어도 더 열심히 살기를 소망하며 거기 나에게 말한다. 나는 더 사랑할 수 있어.